Taschenbücher für die Wirtschaft
Band 70

Der psychologische Test im Betrieb

Rechtsfragen für die Praxis

von

Prof. Dr. Gerrick v. Hoyningen-Huene

Heidelberg

unter Mitwirkung von

Rechtsassessor Ingo Püttner

Heidelberg

I. H. Sauer-Verlag GmbH
Heidelberg

Die Deutsche Bibliothek – CIP-Einheitsaufnahme

Hoyningen-Huene, Gerrick v.:
Der psychologische Test im Betrieb: Rechtsfragen für die Praxis / von
Gerrick v. Hoyningen-Huene. Unter Mitw. von Ingo Püttner. – Heidelberg:
Sauer, 1997

  (Taschenbücher für die Wirtschaft; Bd. 70)
  ISBN 3-7938-7168-1

NE: GT

ISBN 3-7938-7168-1

© 1997 I. H. Sauer-Verlag GmbH, Heidelberg

Satzkonvertierung: Filmsatz Unger & Sommer GmbH, 69469 Weinheim

Druck und Verarbeitung: Wilhelm & Adam, Werbe- und Verlagsdruck GmbH,
63150 Heusenstamm

Umschlagentwurf: Horst König, 67067 Ludwigshafen

♾ Gedruckt auf säurefreiem, alterungsbeständigem Papier, hergestellt aus
  chlorfrei gebleichtem Zellstoff (TCF)

Printed in Germany

Vorwort

Psychologische Tests und andere Testverfahren spielen in der betrieblichen Praxis eine große Rolle, weil Arbeitgeber, Personalleiter und Führungskräfte gerne das Arbeits- und Leistungspotential von Bewerbern und Mitarbeitern für die Zukunft genauer einschätzen möchten. Die Verwendung solcher Tests wirft aber gleichzeitig vielfältige Rechtsfragen auf, insbesondere im Arbeitsrecht, die in dem vorliegenden Band vorgestellt werden. Dem Praktiker soll damit die Möglichkeit gegeben werden, sich über die wichtigsten juristischen Fragestellungen Klarheit zu verschaffen, um auch diese Risiken sicher einschätzen zu können. Denn sowohl bei Mitarbeitern und Bewerbern wie auch beim Betriebsrat stoßen Tests nicht selten auf Mißtrauen oder gar Ablehnung.

Der vorliegende Band ist auf wissenschaftlicher Grundlage mit langjähriger Praxiserfahrung entstanden. Dabei danke ich insbesondere den vielfältigen Anregungen von Praktikern, die dazu beigetragen haben, das Werk im betrieblichen Alltag verwendungsfähig zu machen. Bei der Anfertigung des Buches hat mich mein Mitarbeiter, Herr Rechtsassessor Ingo Püttner, außerordentlich unterstützt. Er hat zahlreiche Entwürfe gefertigt oder überarbeitet und in steter kritischer Diskussion zum Gelingen dieses Buches beigetragen.

Über Anregungen und Verbesserungsvorschläge der Leser freue ich mich sehr.

Heidelberg, Oktober 1996

Gerrick v. Hoyningen-Huene

Inhaltsverzeichnis

10

Abkürzungsverzeichnis

Abs.	Absatz
AFG	Arbeitsförderungsgesetz
Art.	Artikel
ASiG	Gesetz über Betriebsärzte, Sicherheitsingenieure und andere Fachkräfte für Arbeitssicherheit (Arbeitssicherheitsgesetz)
AuA	Arbeit und Arbeitsrecht (Zeitschrift)
BAK	Blutalkoholkonzentration
BAT	Bundesangestelltentarifvertrag
Bay. DSG	Bayerisches Datenschutzgesetz
BB	Betriebs-Berater (Zeitschrift)
BBG	Bundesbeamtengesetz
Bbg. DSG	Brandenburgisches Datenschutzgesetz
BDSG	Bundesdatenschutzgesetz
Ber. DSG	Berliner Datenschutzgesetz
BetrVG	Betriebsverfassungsgesetz
BGB	Bürgerliches Gesetzbuch
BImSchG	Bundes-Immissionsschutzgesetz
Brem. DSG	Bremisches Datenschutzgesetz
BRRG	Beamtenrechtsrahmengesetz
BVerfG	Bundesverfassungsgericht
c.i.c.	culpa in contrahendo
DB	Der Betrieb (Zeitschrift)
DruckluftV	Verordnung über Arbeiten in Druckluft
DSG	Datenschutzgesetz
DSG-LSA	Datenschutzgesetz Sachsen-Anhalt
DSG MV	Datenschutzgesetz Mecklenburg-Vorpommern
DSG NW	Datenschutzgesetz Nordrhein-Westfalen
EichO	Eichordnung
FamRZ	Zeitschrift für das gesamte Familienrecht
GefahrstoffV	Gefahrstoffverordnung
GewO	Gewerbeordnung
GG	Grundgesetz

Hess. DSG	Hessisches Datenschutzgesetz
HGB	Handelsgesetzbuch
Hmb. DSG	Hamburgisches Datenschutzgesetz
JArbSchG	Jugendarbeitsschutzgesetz
KSchG	Kündigungsschutzgesetz
LAG	Landesarbeitsgericht
LDSG	Landesdatenschutzgesetz
LDSG BW	Landesdatenschutzgesetz Baden-Württemberg
LDSG RP	Landesdatenschutzgesetz Rheinland-Pfalz
LDSG SH	Landesdatenschutzgesetz Schleswig-Holstein
MitbestG	Mitbestimmungsgesetz
MuSchG	Mutterschutzgesetz
NDSG	Niedersächsisches Datenschutzgesetz
NJW	Neue Juristische Wochenschrift
NZA	Neue Zeitschrift für Arbeitsrecht
PR	Prozentrangwert
RdA	Recht der Arbeit (Zeitschrift)
RVO	Reichsversicherungsordnung
S.	Seite
s.	siehe
Saarl. DSG	Saarländisches Datenschutzgesetz
SchwbG	Schwerbehindertengesetz
SeemannsG	Seemannsgesetz
SGB	Sozialgesetzbuch
s. o.	siehe oben
StGB	Strafgesetzbuch
StPO	Strafprozeßordnung
StVZO	Straßenverkehrszulassungsordnung
s. u.	siehe unten
Thür. DSG	Thüringer Datenschutzgesetz
UrhG	Urheberrechtsgesetz
VwVfG	Verwaltungsverfahrensgesetz
VVG	Versicherungsvertragsgesetz
VwGO	Verwaltungsgerichtsordnung
ZPO	Zivilprozeßordnung

I. Entscheidungshilfen bei Personal-entscheidungen

„Von nicht geringer Wichtigkeit für einen Herrscher ist die Auswahl seiner Mitarbeiter. Ob diese gut oder schlecht sind, hängt von der Klugheit des Herrschers ab."

So formulierte schon 1513 der Florentiner *Niccolò Machiavelli* in seiner berühmten Schrift „Il Principe" („Der Fürst"). Auch heute gehört die richtige Personalauswahl zu den wichtigsten Aufgaben des Personalmanagements. Personelle Fehlentscheidungen führen in einer hochentwickelten Wirtschaft zu erheblichen Störungen des Betriebsablaufs und können extrem teuer werden. Daher ist es nicht verwunderlich, daß die Unternehmen zu allen Entscheidungshilfen greifen, die ihnen zuverlässige Erkenntnisse über einen künftigen Mitarbeiter versprechen. Umgekehrt hilft auch dem Arbeitnehmer die vertiefte Kenntnis seiner beruflichen Eignung, Fehlentscheidungen zu vermeiden. Mangelnde Motivation oder Versagen auf Grund eines falsch gewählten Arbeitsplatzes können zur Entlassung oder doch zur inneren Kündigung führen. Selbst bei weniger gravierenden Folgen erweist sich die Entscheidung für einen ungeeigneten Arbeitsplatz als eine Fehlinvestition des wertvollsten Kapitals des Arbeitnehmers, nämlich seiner Arbeitskraft.

Machiavelli analysiert die allgemeine Tauglichkeit von Mitarbeitern mit folgendem Ergebnis: „Es gibt drei Arten der Intelligenz: der eine versteht alles von selber, der zweite vermag zu begreifen, was andere erkennen, und der dritte begreift weder von selber noch mit Hilfe anderer. Die erste Art ist hervorragend, die zweite gut und die dritte unbrauchbar."

Wie aber nun der Verstand und die Fähigkeiten des einzelnen festzustellen sind, beschäftigt die Menschheit schon seit Tausenden von Jahren. Zunächst bediente man sich bei der Personalauswahl gerne göttlicher Hilfe: Im alten Testament wird berichtet, wie *Gideon*, der Heerführer der Israeliten, auf Gottes Geheiß die geeignetsten Kämpfer für einen Kriegszug gegen die Midianiter auswählte (Altes Testament, Buch der Richter, Kap. 7, Verse 4−7): Er führte sie zum Trinken ans Wasser und beobachtete, wer dabei mit der Zunge das Wasser wie ein Hund aufleckte und wer das Wasser mit der Hand schlürfte. Nur die 300 Männer, die das Wasser aufgeleckt hatten, nahm er in sein Heer auf. Alle übrigen schickte er nach Hause.

Bis zur heutigen Zeit spielen körperliche Merkmale bei der Beurteilung eines Menschen bewußt oder unbewußt eine erhebliche Rolle. Im antiken Griechenland empfand man das als legitim, denn es galt das Ideal der Einheit von äußerer und innerer Vollkommenheit. Der aus kalós = schön und agathós = gut zusammengesetzte Begriff der Kalokagathia umfaßt sowohl Schönheit, körperliche und geistige Leistungsfähigkeit als auch moralische Vollkommenheit. *Platon* verstand diese Verbindung als griechisches Bildungsideal, für *Aristoteles* bedeutete sie das Höchstmaß menschlicher Tugend. Dementsprechend sahen griechische Bildhauer wie *Polyklet* ihre Aufgabe darin, durch die Darstellung der körperlichen Vollkommenheit den moralischen Wert eines Menschen auszudrücken.

Die Römer − und unter ihnen besonders die Militärs − gingen mit mehr Nüchternheit an die Frage heran: Was die Eignung zum Beruf des Soldaten betrifft, teilt uns *Gaius Julius Caesar* im „gallischen Krieg" seine Erfahrung mit, daß die gallischen Stämme um so tapferere Krieger hervorbrächten, je weniger sie mit der römischen Zivilisation und deren verweichlichendem Lebensstil in Berührung kamen (Comentarii de bello gallico I 1.). Im Vergleich mit der eingangs zitierten biblischen Geschichte zeigt sich, wie rational fortschrittlich *Caesars* Gedanken zur Berufseignung von Soldaten waren. Möglicherweise hatte aber *Gideon* sogar einen empirisch haltbaren Schluß aus dem urwüchsigen Trinkverhalten auf die besondere Unerschrockenheit und Tapferkeit der Männer gezogen.

16

Das Mittelalter des christlichen Abendlandes mit seiner von Aberglaube und Hexenwahn geprägten Religiosität versperrte für Jahrhunderte den Weg zu einer weiteren rationalen Erforschung des Menschen. Erst in der Renaissance begannen Gelehrte, ihre Kenntnisse durch systematische Beobachtungen und Experimente zu erweitern.

Ausführliche Betrachtungen zur Eignungsdiagnostik und einer darauf beruhenden Berufsberatung finden sich erstmals in *Juan Huartes* „Prüfung der Köpfe zu den Wissenschaften" (1575, zahlreiche weitere Auflagen bis in das 20. Jahrhundert hinein). Der Autor, Arzt in der andalusischen Universitätsstadt Baeza, geht davon aus, daß jeder von Natur aus die Begabung zu einem bestimmten Beruf mitbringt. Im Interesse des Gemeinwohls sollte er dann auch diesen Beruf ergreifen: „Damit aber niemand sich in der Wahl derjenigen Beschäftigung, die seiner Natur am gemäßesten ist, irren könne, so sollten in der Republik Leute von großer Weisheit und Klugheit bestellt sein, welche eines jeden Genie in dem zartesten Alter entdeckten und ihn mit Gewalt zu der Wissenschaft, die sich für ihn schickt, anhielten, ohne seiner eigenen Wahl haben etwas zu überlassen." (‚Der Verfasser an den Leser', S. 1). Dementsprechend fordert er Eignungsprüfungen an den Hochschulen und warnt auch im Interesse des einzelnen vor einer falschen Wahl: „Denn außer dem Schaden, der dem Staate aus der Ausübung einer schlecht erlernten Kunst oder Wissenschaft entspringt, ist es etwas recht Erbarmungswürdiges, wenn man einen Menschen arbeiten und sich über eine Sache den Kopf zerbrechen sieht, in der er es unmöglich zu etwas bringen kann."

Huarte ordnet die verschiedenen Disziplinen den von ihm angenommenen Grundtypen der Begabung, nämlich Gedächtnis, Verstand und Phantasie, zu: Sprachen, theoretische Rechtswissenschaft und Geographie sollen vorrangig vom Gedächtnis abhängen, den Verstand sieht er als Schwerpunkt für die Theologie, Philosophie, Theoretische Medizin und die Rechtspraxis von Richtern und Anwälten, während er der Phantasie alle künstlerischen und gestaltenden Berufe zuordnet, einschließlich der Politik und der praktischen ärztlichen Kunst. Um den Grundtyp der Begabung der Menschen zu ermitteln, empfiehlt *Huarte* die genaue Beobachtung bereits in der Kindheit. Bei Erwachsenen soll beispielsweise eine schöne Handschrift auf große Phantasie hindeuten, ebenso gutes Schachspielen, während er umgekehrt talentierten Schachspielern — für uns überraschend — Verstand und Gedächtnis abspricht.

Für den idealen Monarchen verlangt *Huarte* eine ausgeglichene Begabung, die u. a. an körperlicher Schönheit und an rötlichen Haaren zu erkennen sei. Wahrscheinlich orientiert er sich hier an antiken Vorbildern, aber unbewußt nimmt er die psychologische Erkenntnis vorweg, daß ein Mensch von auffallender Schönheit (dazu zählten auch die in Spanien seltenen rötlichblonden Haare) von anderen gerne als Anführer akzeptiert wird — für eine erfolgreiche Regentschaft sicher eine wichtige Voraussetzung.

Daß *Huartes* Buch mit praktischen Tips für die Zeugung besonders begabter Kinder schließt, dürfte erheblich zum Verbot des Werks durch die Inquisition beigetragen haben. Die sieben Kinder des Autors sind allerdings den Beweis für die Theorien ihres Vaters schuldig geblieben — keines ist durch besondere Begabung aufgefallen.

Bis zur Entwicklung der modernen psychologischen Testverfahren war es noch ein weiter Weg. Erst die Entdeckung statistischer Gesetzmäßigkeiten (Gaußsche Normalverteilung) im 19. Jahrhundert ermöglichte eine systematische Einordnung des empirisch gewonnenen Materials. Da der einzelne Mensch sich im Berufsleben immer dem Vergleich mit anderen stellen muß, interessiert in der Eignungsdiagnostik weniger ein abstrakter Wert für ein bestimmtes Fähigkeitsmerkmal, sondern vorrangig dessen Ausprägung im Vergleich mit einer größeren Gruppe. Natürlich gilt auch hier: Unter den Blinden ist der Lahme König — daher kommt es darauf an, daß die Vergleichsgruppe sinnvoll zusammengestellt wird. Auf diesem Prinzip des Vergleichs beruhen alle wissenschaftlich abgesicherten Testverfahren (zu den Qualitätsanforderungen näher unter IV.).

Obwohl heute durchaus wissenschaftlich ernstzunehmende Tests verfügbar sind, vertrauen viele Personalleiter nach wie vor allein auf die „klassischen" Methoden der Personalauslese. Der Lebenslauf eines Bewerbers gibt viele Hinweise auf die berufliche Orientierung und eignet sich daher durchaus als Grundlage für eine erste Auslese. Schulzeugnisse werden analysiert, um persönliche Stärken und Schwächen zu erkennen, die erzielten Zensuren sind allerdings überregional kaum vergleichbar. Selbst die von der zentralen Vergabestelle für Studienplätze (ZVS) entwickelten Umrechnungsschlüssel können die von Bundesland zu Bundesland unterschiedlichen Anforderungen nur unvollkommen ausgleichen.

Arbeitszeugnisse — die dritte „klassische" Informationsquelle — haben den Vorteil, daß sie die Fähigkeiten und Leistungen des Bewerbers am Arbeitsplatz widerspiegeln. Ihren Inhalt kann allerdings nur verstehen, wer die sog. Zeugnissprache beherrscht, die Negatives hinter wohlklingenden Floskeln versteckt oder ganz übergeht. Dabei besteht die Gefahr, mehr in ein vorgelegtes Arbeitszeugnis hineinzulesen, als sich der Aussteller gedacht hat, insbesondere bei Zeugnissen aus Kleinunternehmen. Darüber hinaus sollte bedacht werden, daß Arbeitgeber im Zuge von Aufhebungsverträgen oder im Kündigungsrechtsstreit erfahrungsgemäß bereit sind, ausscheidenden Arbeitnehmern gute Zeugnisse auszustellen, wenn sie sich auf diese Weise schneller von ihnen trennen können.

Neben diesen klassischen Instrumenten erfreuen sich die Erkenntnisse der Alltagspsychologie großer Beliebtheit: Man vertraut auf seine „Menschenkenntnis" oder achtet darauf, ob der Bewerber „auf der gleichen Wellenlänge" liegt. Heute wird oft betont, daß die „Chemie" zwischen Bewerber und zukünftigen Kollegen und Vorgesetzten stimmen müsse. Dahinter verbirgt sich nichts anderes als eine Personalauswahl nach Sympathie — die ja im Ergebnis durchaus einmal richtig sein kann. Gleichwohl schämt man sich offenbar der eigenen Irrationalität und verbrämt sie mit einem naturwissenschaftlichen Begriff. Daß die Kleidung beim Vorstellungstermin eine große Rolle spielt, wird immer wieder betont: Weiße Socken zum dunklen Anzug gelten beispielsweise in vielen Branchen schlicht als unmöglich. Erklären läßt sich die Wertschätzung für dieses Detail nur, wenn man es als Anzeichen für den Willen oder die Fähigkeit nimmt, sich dem Stil des Unternehmens anzupassen. Wer sich bei der Auswahl hauptsächlich vom Aussehen leiten läßt, kann sich immerhin auf antike Traditionen berufen. Horoskope, graphologische Gutachten und gentechnische Untersuchungen sind weitere Verfahren mit zweifelhaftem Erkenntniswert (s. dazu näher III.).

Psychologische Tests helfen dabei, Personalentscheidungen auf eine sachlichere Grundlage zu stellen. Als „Intelligenztest", „Leistungstest" oder „Persönlichkeitstest", gelegentlich auch als Teil eines Assessment-Centers werden sie heute von vielen Großunternehmen und in zunehmendem Maße auch von mittelständischen Unternehmen genutzt. Bei der Einführung von Testverfahren werden allerdings die rechtlichen Fragen nur selten beachtet. Von Psychologen können derartige Hinweise auch nicht erwartet werden. Mit der Art des Testverfahrens, der Durchführung der Tests durch den Arbeitgeber oder durch den Psychologen, der Aufbewahrung oder Vernichtung der Testbögen und der eventuellen Speicherung der Daten werden Entscheidungen getroffen, die eine Fülle von rechtlichen Folgen nach sich ziehen. Die rechtliche Zulässigkeit verschiedener Testarten einschließlich der Aufklärungspflichten gegenüber dem Bewerber, Fragen der Mitbestimmung des Betriebsrats, die Verwertbarkeit von Tests bei Versetzungen, Beförderungen oder Kündigungen und der rechtliche Rahmen für den Umgang mit den Testergebnissen bilden die Schwerpunkte dieses Buchs. Dabei werden datenschutzrechtliche und urheberrechtliche Fragestellungen mitbehandelt, auf das Sozialversicherungsrecht wird nur vereinzelt hingewiesen.

Letztlich gilt es immer, den Konflikt zwischen berechtigtem Informationsbedürfnis des Arbeitgebers und dem Persönlichkeitsrecht des Arbeitnehmers rechtlich zu bewältigen. Wenn dies gelingt, wird die Verwendung psychologischer Tests zum Nutzen beider Seiten auf höhere Akzeptanz stoßen.

II. Psychologische Tests

1. Was ist ein psychologischer Test?

Der Begriff „Test" bedeutet Zeugnis, Beweis, Prüfung, Probe (von lateinisch testimonium). Im allgemeinen Sprachgebrauch hat sich das Wort „Test" heute vielfach durchgesetzt, wenn ein Sachverhalt genau ermittelt, bestätigt oder widerlegt werden soll. Das zeigen die Begriffe Alkoholtest, Schwangerschaftstest, HIV-Test usw.

Ein psychologischer Test konzentriert sich dabei auf die psychischen Merkmale eines Menschen. Man kann daher einen psychologischen Test folgendermaßen definieren: Ein psychologischer Test ist ein mit wissenschaftlichen Methoden entwickeltes Verfahren zur Feststellung der Ausprägung bestimmter Persönlichkeits- und Verhaltensmerkmale. Ein Test besteht aus einer Sammlung von Aufgaben und Fragen. Aus den Antworten und Reaktionen eines Testkandidaten werden Erkenntnisse darüber gewonnen, wie sich der Betreffende voraussichtlich bei bestimmten Anforderungen des täglichen Lebens verhalten wird. Dies versprechen jedenfalls die Entwickler und Anbieter von psychologischen Testverfahren, und darum sind sie auch für die Personalabteilungen der Unternehmen von so großem Interesse.

Aber auch wenn die Vorgehensweise nicht wissenschaftlich begründet ist, von Psychologen weder empfohlen noch praktiziert wird, werden viele „Tests" gerne als „psychologisch" bezeichnet, weil der Autor oder Anwender damit irgend etwas „Psychologisches" erfassen will. Meist geht es dabei um Vorhersagen für das zukünftige Leben, etwa mit Hilfe von Kartenlesen, Horoskopen u. ä. oder um die Erfassung von Seelentypen, z. B. durch Sternkreiszeichen, jedenfalls nicht um psychische Merkmale im Sinne der psychologischen Wissenschaft. Vielmehr bestehen hier fließende Übergänge zu Esoterik, Magie und religiösen Empfindungen.

2. Arten der Testverfahren

a) Intelligenztest

Was ist Intelligenz? Erkennt man einen intelligenten Menschen an guten Schulnoten, Erfolg im Beruf, an der Fähigkeit, schwierige Probleme zu lösen, oder vielleicht an seiner Überlebensfähigkeit im Dschungel? Auch in der Wissenschaft existierte lange Zeit keine eindeutige Definition von Intelligenz. Heute besteht weitgehende Übereinstimmung, als intelligent habe zu gelten, wer Zusammenhänge und Beziehungen zwischen Sachverhalten, Begriffen und Symbolen erkennen kann, um daraus logische Schlüsse zu ziehen, und mit dieser Fähigkeit Lösungen für neue Probleme finden kann.

Dieser abstrakte Begriff der Intelligenz läßt sich höchst unterschiedlich konkretisieren: Auffassungsgabe, analytisches Denken, logisches Kombinieren, Merkfähigkeit, Rechenfähigkeit, räumliches Vorstellungsvermögen usw. Diese konkreten Aspekte der Intelligenz können mit entsprechenden Aufgaben untersucht werden. Die gängigen Intelligenztests setzen sich meist aus einer Kombination mehrerer Intelligenzaspekte zusammen. Man spricht dann von einer Test-„Batterie". Allerdings bleiben bei einer solchen Konstruktion weitere wesentliche Faktoren für den Erfolg im Berufs- und Alltagsleben unberücksichtigt, etwa das Merkmal „Kreativität" oder die sog. soziale Intelligenz, die erst im Zusammenspiel mehrerer Personen zum Tragen kommt.

Folgende Aufgabentypen kommen in vielen Intelligenztests vor:

– Sprachlicher Bereich: Bildung gegensätzlicher und gleichbedeutender Wortpaare, Bedeutungskenntnis von Sprichwörtern, Bildung von Oberbegriffen, Unterbegriffen und Wörtern mit gleichen Anfangs- und Endbuchstaben u. a. m.
– Rechnerischer Bereich: Rechenaufgaben der vier Grundrechenarten, logisches Fortsetzen von vorgegebenen Zahlenreihen, Schätzen des Ergebnisses, Dreisatzaufgaben u. a. m.

- Merkfähigkeit: Reproduzieren von Zahlen, Zahlenkolonnen, Wörtern, kleinen Lebensläufen, Ereignisabläufen u. a. m.
- Räumliches Vorstellungsvermögen: Zuordnen und Vergleichen von geometrischen Figuren, Zusammensetzen von Figuren aus Einzelteilen, Fortsetzen von Figurenreihen mit Spiegelungen und Drehungen u. a. m.
- Fragen zum Allgemeinwissen: Geschichte, Politik, Kultur, Wirtschaft.

Das Ergebnis eines Intelligenztests wird gewöhnlich in Form des Intelligenzquotienten („IQ") angegeben. Gemeint ist dabei der Quotient aus Lebens- und Leistungsalter, wobei unter Leistungsalter ein Indexwert zu verstehen ist, der die Ausprägung bestimmter Fertigkeiten jeweils zu einem bestimmten Lebensalter als „normale" Leistung unterstellt. Der IQ gibt also das relative Niveau der Intelligenz altersbezogen im Vergleich zur jeweiligen Eichstichprobe an. Der Normalwert des IQ liegt bei 100. Da in den IQ aber die Ergebnisse aller Aufgabenfelder einfließen, gibt er keinen Aufschluß über die Intelligenzstruktur der Testperson. Es ist also durchaus möglich, daß sich zwei Menschen mit dem gleichen IQ in der Zusammensetzung ihrer Fähigkeiten und Begabungen deutlich unterscheiden. Der IQ ist also im Personalbereich nur sehr begrenzt verwertbar. Aussagefähiger ist der Prozentrangwert (PR). Er gibt die relative (Intelligenz-)Leistung des einzelnen in bezug auf eine Vergleichsstichprobe an.

b) Leistungstest

Als Leistungstests bezeichnet man alle Verfahren, die einzelne Leistungsbereiche prüfen. Bei allgemeinen Leistungstests werden die Merkmale Aufmerksamkeit, Konzentrationsfähigkeit und Ausdauer untersucht, daneben gibt es spezielle Leistungstests zur Erfassung besonderer Fähigkeiten und Eignungen, z. B. der Handgeschicklichkeit, des praktisch-technischen Verständnisses oder einfacher Bürofertigkeiten. Die speziellen Leistungstests stehen erkennbar in engem Zusammenhang mit den beruflichen Anforderungen.

So sind etwa zur Messung von Ausdauer und Konzentration größere Mengen von einfachen Rechenaufgaben zu lösen oder in Zahlen- oder Buchstabenkolonnen jeweils bestimmte Zeichen durchzustreichen. Ausgewertet wird dann die Anzahl der gelösten Aufgaben, die Fehlerquote und eventuell auch der zeitliche Verlauf der Fehler (Fehlerkurve).

Bei den speziellen Leistungstests stehen arbeitsplatzbezogene Aufgaben im Vordergrund: Büro-Eignungstests enthalten Aufgaben wie Karteikarten sortieren, Schriftstücke auf Ordner verteilen, Additionen überprüfen usw. Technisches Verständnis wird anhand von Zeichnungen überprüft, die handwerkliche Geräte oder einfache technische Vorrichtungen zeigen und deren Funktionsweise erkannt werden muß. So lautet etwa die Frage zur Darstellung eines Getriebes: Wie herum dreht sich das Zahnrad X? Mehr auf Fingerfertigkeit oder den richtigen Umgang mit dem Material kommt es dagegen bei der Drahtbiegeprobe an, bei der nach einer Vorlage ohne Benutzung von Werkzeugen eine Figur mit dem Draht nachgebogen werden soll.

c) Persönlichkeitstest

Persönlichkeitstests wollen Persönlichkeits- und Charaktermerkmale erfassen, daneben auch Interessen, Vorlieben und Abneigungen, Gefühle oder Konflikte. Persönlichkeitstests versuchen also die gesamte „Persönlichkeitsstruktur" zu erfassen.

Vom Testaufbau her gibt es grundsätzlich zwei Arten von Persönlichkeitstests: Fragebogenverfahren und Gestaltungsaufgaben.

Mit Fragebogentests werden fest umschriebene Persönlichkeitsmerkmale und Verhaltenstendenzen systematisch erfaßt. Die Fragebogen können von den Testpersonen selbständig bearbeitet werden, und die Auswertung kann — je nach Test — oft problemlos mit Hilfe von Schablonen erfolgen. Die einzelnen Aufgaben bestehen darin, auf vorgegebene Behauptungen oder Fragen eine der vorgegebenen Antwortmöglichkeiten anzukreuzen, z. B. „ja" oder „nein", „stimmt" oder „stimmt nicht". Das natürliche Bedürfnis jeder Testperson, sich so positiv wie möglich darzustellen und bewußt eine unzutreffende Antwort anzukreuzen, wird von den Testkonstrukteuren dadurch berücksichtigt, daß sie einige Fragen in abgewandelter Form wiederholen und besondere Kontrollfragen in den Test einbauen („Lügenscore").

Die Gestaltungsaufgaben werden meist in der Form gestellt, daß relativ unstrukturierte Vorlagen zu interpretieren sind. Der Testperson werden etwa Tintenkleckse, verschwommene Bilder, unvollständige Zeichnungen oder Texte vorgelegt mit der Aufforderung, zu beschreiben und zu interpretieren, was darin zu erkennen ist. Die Testperson soll also in das neutrale Material ihre persönlichen Auffassungen und Empfindungen hineinprojizieren. Bei der Auswertung dieser Tests versucht der Psychologe, aus den Reaktionen der Testperson auf die verborgenen Bereiche der Persönlichkeit zu schließen. Die Schwäche dieser Tests liegt darin, daß das Ergebnis wesentlich von den subjektiven Wertungen des Psychologen geprägt wird, diese Tests gehören daher zu den projektiven Verfahren (siehe dazu unten 3. b). Bekanntestes Verfahren dieser Art ist der Rorschach-Test: Er besteht aus zehn symmetrischen Klecksbildern, die in Farbe und Schattierung variieren. Diese Bilder werden der Testperson vorgelegt, die dann jeweils beschreiben soll, was das Bild nach ihrem Eindruck darstellt.

3. Testmethoden

a) Projektiver Test (Deutender Test)

Bestimmend für den Begriff „projektiv" ist es, daß die Reaktionen der Testpersonen als projizierte Bilder innerer seelischer Vorgänge verstanden werden. Das Ausgangsmaterial bilden verbale oder graphische Darstellungen, die von der Testperson gedeutet oder weiterentwickelt werden sollen. Ein Verfahren dieser Art, nämlich der Rorschach-Test mit seinen Klecksbildern, wurde bereits im vorangegangenen Abschnitt kurz dargestellt. Beim Lüscher-Farbtest erhält der Proband farbige Tafeln oder Blättchen, die er gefühlsmäßig auswählen und ordnen soll. Beim Rosenzweig-Picture-Frustration-Test (RPF) wird die Reaktion auf die dargestellte frustrierende Situation untersucht. Beim Thematic-Apperception-Test (TAT) ist zu verschwommenen Bildern je eine Geschichte zu erzählen; der Psychologe zieht dann Schlüsse aus Form und Inhalt der Geschichten und dem Verhalten beim Erzählen. Naheliegend erscheint etwa der Schluß, daß ein Stellenbewerber gewissenhaft ist, wenn er TAT-Geschichten über Menschen erzählt, die ihre Pflichten erfüllen und dabei Zuverlässigkeit, Ernsthaftigkeit und Genauigkeit zeigen. Oft hält diese Deutung allerdings einer Überprüfung nicht Stand.

Bei der Deutung der Reaktionen der Testpersonen nach verborgenen seelischen Stärken oder Schwächen hat der auswertende Psychologe einen sehr weiten Beurteilungs- und Bewertungsspielraum. Eine nachprüfbare, an den wissenschaftlichen Kriterien der Objektivität, Validität und Reliabilität orientierte Auswertung eines projektiven Tests ist daher nicht möglich. Die Mehrdeutigkeit dieser Verfahren begünstigt immer neue und nicht überprüfbare Deutehypothesen. In diesem Punkt sind die projektiven Verfahren mit der Graphologie vergleichbar (s. u. III. 2.).

b) Psychometrischer Test (Meßverfahren)

Ein psychometrischer Test ist ein Meßverfahren für psychische Eigenschaften eines Menschen, das nach den Kriterien der Objektivität, Validität und Reliabilität (s. u. IV.) entwickelt wird und bestimmte psychische Dispositionen oder Fähigkeiten metrisch darstellt. Im Idealfall ist ein psychometrischer Test damit nichts anderes als ein besonderes Meßgerät, vergleichbar einem Metermaßband zur Längenbestimmung.

Voraussetzung dafür ist allerdings, daß psychische Merkmale überhaupt meßbar und damit vergleichbar erfaßt werden können. Künstlerische Fähigkeiten z. B. lassen sich nicht in Zahlen ausdrücken, hier fehlt es schon an einem objektiven Vergleichsmaßstab. Im beruflichen Anforderungsbereich sind bis heute nur einige wenige Merkmale bekannt, die objektivierbar, erfaßbar und interindividuell vergleichbar sind. Seit 1964 arbeitet beispielsweise das Münchener Institut Intelligenz System Transfer an der kontinuierlich zu verbessernden Messung von Intelligenzanpassung, Intelligenzorganisation, Umstellungsbereitschaft, Leistungsmotivation und Streßstabilität. Es handelt sich um meßbare und aussagefähige Kriterien, die das Leistungsverhalten bestimmen.

Da normalerweise für die Vorhersage der Berufs- bzw. Betriebseignung eines Bewerbers die Information über nur eines der genannten Merkmale nicht ausreichend ist, werden meist mehrere Merkmale mittels verschiedener Verfahren untersucht (Testbatterie). Die erhobenen Meßwerte sind nur dann praktisch verwertbar, wenn mit ihnen mehrere Personen in bezug auf die Ausprägung eines Persönlichkeitsmerkmals verglichen werden können. Zu diesem Zweck kann man anhand der Meßwerte eines Merkmals die getesteten Personen in eine Rangfolge bringen. Praktischer ist der Vergleich des Testergebnisses des einzelnen Bewerbers mit den Ergebnissen einer repräsentativen Stichprobe, um so den Ausprägungsgrad des Merkmals über den Prozentrangwert (PR) zu bestimmen.

4. Problematik

Obwohl psychologische Tests in vielen Unternehmen heute bereits zum Alltag gehören, stoßen sie doch nicht bei jedermann auf Akzeptanz. Das gilt gleichermaßen für die Testpersonen, also die Stellenbewerber, und für die Testverwender, die Personalchefs. Gilt ihnen die Psychologie wirklich als Fortsetzung der Magie mit anderen Mitteln? Erwecken Psychologen den Eindruck von modernen Medizinmännern, die ihr Geheimwissen dazu nutzen, die Nichteingeweihten in Angst und Staunen zu versetzen? Diese und ähnliche Vorstellungen mögen bei den Bewerbern diffuse Testängste beflügeln. Indes beruhen wissenschaftliche psychologische Auswahltests im wesentlichen auf mathematisch-statistischen Grundlagen und einer ausgeklügelten Testkonstruktion und nur zu einem sehr kleinen Teil auf der Intuition des ausführenden Psychologen.

Angespornt durch vielerlei Anleitungen zum „Testknacken" versuchen viele Testteilnehmer, den Test und damit die Psychologie zu überlisten. Das ist auch legitim, denn jeder strebt im Testverfahren eine möglichst positive Selbstdarstellung an. Dabei wird allerdings übersehen, daß psychologische Auswahlverfahren zum guten Teil aus Aufgaben bestehen, die einzeln betrachtet leicht verständlich sind (einfache Rechenaufgaben, Wörterpaare usw.) und die vor allem hohe Anforderungen an die Konzentration stellen, so daß sich Tricks und Täuschungsmanöver erübrigen. Die Erfolgsaussichten für eine Testmanipulation sind eher zweifelhaft — und auch im nachhinein vom Getesteten nicht einzuschätzen, mit der Folge, daß die Unsicherheit andauert, die dann alte und neue Testängste nährt. Diese Ängste können teilweise durch geeignete Information über das bevorstehende Testverfahren abgebaut werden, wie es z. B. der Berufsverband Deutscher Psychologen empfiehlt. Auch ein „Testtraining" oder sonstige „Testhilfe"-Literatur mag dem einzelnen dabei helfen, sich besser auf die Testsituation und verbreitete Aufgabentypen einzustellen.

Auch für den Betrieb ist die Anwendung psychologischer Tests nicht unproblematisch. Denn sinnvoll ist der Einsatz von Tests nur, wenn dadurch das Risiko von personellen Fehlentscheidungen minimiert oder doch wesentlich reduziert wird. Aber wie kann ein Personalleiter den richtigen Test oder den richtigen Testpsychologen für den Betrieb bzw. für bestimmte Arbeitsplätze herausfinden? Das ist keine leichte Aufgabe, denn es werden zwar zahlreiche psychologische Tests angeboten, aber der Markt ist keineswegs transparent. Als Tests werden nämlich auch Verfahren angepriesen, deren Qualität nicht über pseudopsychologische Illustriertentests hinausreicht. Diese mangelnde Transparenz hängt damit zusammen, daß unter dem Stichwort „Psychologie" durchaus unterschiedliche, nicht vergleichbare Inhalte angeboten werden und zudem auch völlig veraltete Fachliteratur im Umlauf bleibt. Auch das hier interessierende, relativ junge Gebiet der Psychodiagnostik bleibt von internen Auseinandersetzungen und Generationensprüngen nicht verschont; Anfang der siebziger Jahre attestierte der Dipl.-Psych. *G. M. Sieber* diesem Fach noch den Zustand des Flegelalters (*Sieber*, Achtung Test, S. 9).

Den praktischen Erfordernissen im Betrieb entsprechen nur solche Tests, die eine gleichförmige Anwendung bei allen Kandidaten und eine einheitliche Auswertung vorsehen, um so eine massenhafte Anwendung zu ermöglichen. Nach dem hier vertretenen Standpunkt kommen für diese Aufgabe nur psychometrische Testverfahren in Betracht. Die wissenschaftlichen Gütekriterien dieser Tests (s. u. IV.) sind im Berufsverband Deutscher Psychologen einhellig anerkannt (s. dazu 3.3 der „Grundsätze", Anhang 2). In Zweifelsfällen sollte das Testverfahren dem Max-Planck-Institut für psychologische Forschung, München, zur Begutachtung vorgelegt werden.

III. Anderweitige „Tests"
und ihre Zulässigkeit

1. Horoskop

Ein Horoskop (von griechisch hora = Stunde und skopein = beobachten) entwirft anhand der Sternstellung in der Geburtsstunde das Persönlichkeitsbild eines Menschen, um daraus für den einzelnen konkrete Handlungsanleitungen zu entwickeln, z. B. „Als überaus sensibler Fische-Mann sollten Sie eine beratende Tätigkeit ausüben, idealerweise in den Bereichen Marketing oder Öffentlichkeitsarbeit." Die Aussagekraft derartiger Horoskope über die Eignung eines Arbeitnehmers für einen konkreten Arbeitsplatz ist zweifelhaft. Ungeachtet der Beliebtheit der Astrologie in der Bevölkerung ist schon fraglich, ob das anhand der Gestirne entworfene Persönlichkeitsbild wirklich unbeeinflußt von sozialen Entwicklungsfaktoren Geltung für das ganze Leben beanspruchen kann. Demjenigen Arbeitgeber aber, der daran glaubt, bietet ein Horoskop weit mehr persönliche Informationen über den Arbeitnehmer, als ihm für die arbeitsplatzbezogene Personalauswahl zustehen. Das Erstellen eines Horoskops als Entscheidungshilfe ist daher selbst mit Einwilligung des Arbeitnehmers problematisch. Daß selbst Großunternehmen so rege von Horoskopen Gebrauch machen, daß die Rechnungen von Sterndeutern zum Gegenstand steuerrechtlicher Erörterungen und Gerichtsverfahren werden, spricht schon für eine bemerkenswerte Urteilsschwäche der betreffenden Unternehmensleitungen.

2. Graphologie

Graphologische Gutachten zur Vorbereitung betrieblicher Personalentscheidungen insbesondere auf der Führungsebene sind noch immer stark verbreitet. Dies mag vor allem daran liegen, daß die „Begutachtung" hier ohne direkte Mitwirkung des Begutachteten möglich ist. Die Graphologie geht davon aus, daß die Handschrift den physischen und psychischen Zustand zum Zeitpunkt des Schreibens widerspiegelt und darüber hinaus Ausdruck der Persönlichkeit ist. Dabei muß man sich aber im klaren darüber sein, daß auch ein professionelles graphologisches Gutachten stets eine subjektive Interpretation des Begutachters beinhaltet, so daß die Graphologie niemals den Anforderungen eines psychologischen Meßverfahrens entsprechen kann. Als Beispiel für die Problematik graphologischer Gutachten seien hier einige Passagen angeführt, mit denen sich das *LAG Baden-Württemberg* im Jahre 1972 auseinandersetzen mußte (NJW 1976, S. 310): Die Arbeitnehmerin wird darin als eine nicht intelligente, schlaue, raffinierte, rachsüchtige, herrschsüchtige, durchtriebene, taktlose, schwatzhafte, kontaktarme, gefühls- und gemütskalte Intrigantin bezeichnet, der man nicht glauben könne. Sie sei nicht in der Lage, echte und tiefe Beziehungen zu pflegen und zu ihren Mitarbeitern ein gutes Verhältnis zu haben. „Wegen der ungenügenden Strichqualität" wird sie in dem Gutachten sogar für krank erklärt.

Ungeachtet ihres umstrittenen Erkenntniswerts haben graphologische Gutachten in der Rechtsprechung des Bundesarbeitsgerichts als Entscheidungshilfen Anerkennung gefunden. Allerdings bedarf die Anfertigung eines derartigen Gutachtens immer der Einwilligung des betroffenen Arbeitnehmers. Dies folgt daraus, daß es zum Selbstbestimmungsrecht des Menschen gehört, selbst frei darüber zu entscheiden, ob und mit welchen Mitteln er ein Ausleuchten seiner Persönlichkeit gestatten will. Die Einwilligung kann sowohl ausdrücklich („mit einer graphologischen Begutachtung der handschriftlich eingereichten Unterlagen bin ich einverstanden") als auch konkludent (s. dazu unten VIII. 2. b) erklärt werden. Wer sich als Arbeitnehmer mit einer graphologischen Begutachtung einverstanden erklärt und dann dem Arbeitgeber einen handgeschriebenen Text zur Verfügung stellt, den er sich von einer anderen Person hat niederschreiben lassen, riskiert, daß der Arbeitgeber einen auf diese Weise zustandegekommenen Arbeitsvertrag — berechtigterweise — gemäß § 123 BGB wegen arglistiger Täuschung anficht.

Grundsätzlich ist die Erstellung eines graphologischen Gutachtens zwar zulässig, es entbehrt jedoch der Zuverlässigkeit eines objektiven Meßverfahrens.

3. Lügendetektor

Der Lügendetektor ist ein elektro-physikalischer Apparat, der vielfältige Meßwerte am menschlichen Körper aufzeichnet; in der Fachwelt wird er daher Polygraph (= Mehrkanalschreiber) genannt. Mit Hilfe einer Blutdruckmanschette werden der relative arterielle Blutdruck, Veränderungen im Pulsschlag, Intensität und Geschwindigkeit des Herzschlags und die Pulsamplituden gemessen. Ein Gummischlauch über Brust und Bauch, der ebenfalls an den Testschreiber angeschlossen werden kann, zeichnet die thorakale und abdominale Atemtätigkeit auf. Außerdem werden die Veränderungen in der elektrischen Spannung an der Hautoberfläche über an den Fingern oder in der Handfläche angebrachte Elektroden gemessen. Der Proband sitzt während des Tests auf einem speziellen Stuhl.

Bevor die eigentlichen Testfragen gestellt werden, wird die Testperson an den Apparat angeschlossen, um auf diese Weise im Ruhezustand von ihr Meßwerte zu gewinnen, die später als Vergleichsmaßstab dienen sollen. Der weitere Verlauf richtet sich nach dem von dem Gutachter entwickelten Fragenkatalog, dabei wechseln sich Fragen, die mit ja oder nein beantwortet werden müssen, mit Kontrollphasen ab.

Die Auswertung des Tests beruht darauf, daß sich wahre und bewußt unwahre Antworten erfahrungsgemäß beim Menschen in einem unterschiedlichen Maß an subjektiver Erregung widerspiegeln. In der Fachwelt wird die Zuverlässigkeit der gewonnen Ergebnisse bei 80 bis 90 % angesiedelt. Zu beachten ist dabei aber, daß verwertbare Ergebnisse nur bei kooperativer Haltung der Testperson erzielt werden können.

Selbst wenn man den hohen Aufwand beim Einsatz des Polygraphen außer acht läßt, eignet sich das Verfahren nicht sonderlich, um dem Arbeitgeber bei der Personalauswahl eine Entscheidungshilfe an die Hand zu geben. Leistung und Fähigkeiten eines Stellenbewerbers lassen sich nicht in einem System von Fragen mit Antworten im Ja-Nein-Schema darstellen.

Die Verwendung des „Lügendetektors" ist im Hinblick auf das Persönlichkeitsrecht des Bewerbers rechtlich nicht zulässig. Die Mechanisierung des Vorgangs, bei dem die Testperson zum Anhängsel der Apparatur wird, führt zu einem Eingriff in das Persönlichkeitsrecht (Art. 2 Abs. 1 GG), möglicherweise sogar in die Menschenwürde (Art. 1 Abs. 1 GG), der auch bei Einwilligung des Arbeitnehmers durch das Informationsrecht des Arbeitgebers nicht gedeckt ist. In jüngster Zeit setzen einige Amtsgerichte den Polygraphen ein, um die Beweisschwierigkeiten in Fällen des sexuellen Mißbrauchs von Kindern zu bewältigen (Nachweise bei *Undeutsch* FamRZ 1996, S. 329 (331)). Eine verfassungsrechtliche Überprüfung dieser Praxis steht noch aus. Daß das Bundesverfassungsgericht seine grundlegenden Einwände (s. *BVerfG*, NJW 1982, S. 375) zurückstellen wird, ist kaum zu erwarten.

Sowohl aus praktischen als auch rechtlichen Gründen scheidet der Lügendetektor/Polygraph als Hilfsmittel bei der Personalauswahl aus.

4. Streß-Interview

Ein Streß-Interview ist nichts anderes als ein besonderer Teil des Einstellungsgesprächs, bei dem der Arbeitnehmer unter Beteiligung eines Psychologen psychisch unter Druck gesetzt werden soll, um so seine Reaktionen in einer Streß-Situation bewerten zu können. Auf welche Weise der Bewerber beim Streß-Interview unter Druck gesetzt werden kann, mag folgendes Beispiel zeigen: „Ziehen Sie bitte einmal Ihre Schuhe aus!" — „So, Sie wollen nicht? Haben Sie etwa dreckige Socken an, die Sie uns nicht zeigen wollen?" — „Das ist ja allerhand, daß Sie schon zum Vorstellungsgespräch mit dreckigen Socken erscheinen! Haben Sie sich schon einmal Gedanken darüber gemacht, wie Sie mit dieser Einstellung im heutigen Berufsleben bestehen wollen?". Je nach eigener Streß-Empfindlichkeit wird ein Kandidat auf diesen „Angriff" mit Festigkeit („Ich sehe keinen Grund, meine Schuhe auszuziehen.") oder vielleicht mit hektischen Rechtfertigungsversuchen reagieren.

Rechtlich ist das Streß-Interview zulässig, jedenfalls soweit es nicht in den engsten persönlichen Intimbereich eindringt. Auch bei Betreuung und Auswertung durch einen Psychologen liefert das Streß-Interview keine wirklich zuverlässigen Ergebnisse, denn es gehört zu den projektiven Verfahren (s. o. II. 3.). Da das Streß-Interview nur Anhaltspunkte für die Streßstabilität eines Bewerbers liefert, ist es in der Praxis überhaupt nur in Kombination mit anderen Entscheidungshilfen einsetzbar. Die Beliebtheit des Streß-Interviews ist zwar nicht rational begründet, es wird jedoch wegen seines hohen Unterhaltungswerts vor allem von Personalberatungsfirmen geschätzt.

5. Assessment-Center

Assessment-Center (assessment = Feststellung, Bewertung, Einschätzung) nennt man ein systematisches Verfahren, in dem durch Praxissimulation die Verhaltensweise von 4 bis 8 Teilnehmern analysiert und beurteilt wird. Die Ursprünge des Assessment-Centers liegen in Amerika, wo diese Methode schon in den 30er Jahren für die Offiziersauslese in den Streitkräften entwickelt wurde. Heute setzen zahlreiche Großunternehmen Assessment-Center bei der engeren Bewerberauswahl ein. Jedes Assessment-Center soll zwar auf die besonderen Anforderungen des jeweiligen Unternehmens zugeschnitten sein, dennoch gibt es viele Übungen, die in Assessment-Centers immer wieder eingesetzt werden und die auch in der Populärliteratur beschrieben sind:

Die Bewerbervorstellung zu Beginn eines Assessment-Centers geht häufig schon in die Bewertung ein. Die sogenannte Postkorb-Übung soll eine Arbeitsstunde einer Führungskraft simulieren. Auf einem vorbereiteten Schreibtisch stapeln sich Briefe, Aktennotizen und andere Schriftstücke, die in der vorgegebenen Zeit bearbeitet werden müssen. Für den Kandidaten kommt es darauf an, den Überblick zu behalten, Wichtiges von Unwichtigem zu unterscheiden, zu organisieren und einzelne Aufgaben zu delegieren. Üblich ist auch ein Kurzvortrag, bei dem der Bewerber zeigen soll, wie verständlich, interessant und überzeugend er ein Thema darstellen kann. Fast jedes Assessment-Center enthält eine oder mehrere Gruppendiskussionen, meist zu allgemeinen, gesellschaftspolitischen oder wirtschaftlichen Themen. Die Beobachter der Gruppendiskussion achten bei den einzelnen Teilnehmern auf strukturiertes Denken, Überzeugungsfähigkeit, Rhetorik, Konsensfähigkeit u. ä. Die „soziale Kompetenz" eines Bewerbers spielt hier die herausragende Rolle.

An der rechtlichen Zulässigkeit eines Assessment-Centers besteht im Grundsatz kein Zweifel. Bei den meisten Übungen des Assessment-Centers kommt es jedoch auf die subjektive Beurteilung durch die Beobachter an. An die Ergebnisse kann daher ein Anspruch auf Objektivität nicht gestellt werden. Soweit in ein Assessment-Center auch psychologische Tests eingebaut werden, richtet sich deren rechtliche Zulässigkeit nach den weiter unten aufgeführten Grundsätzen (VI. ff.).

6. Medizinische Eignungsuntersuchung

Ärztliche Untersuchungen von Arbeitnehmern sind in der Betriebspraxis weit verbreitet, insbesondere vor einer Neueinstellung. Zweck einer medizinischen Eignungsuntersuchung ist es, die gesundheitliche Eignung des Arbeitnehmers für den konkreten Arbeitsplatz festzustellen. Dementsprechend unterliegt der untersuchende Arzt gegenüber jedermann und damit auch dem Arbeitgeber gegenüber der Schweigepflicht (§ 203 Abs. 1 Nr. 1 StGB). Dies gilt auch für den Betriebsarzt (§ 8 Abs. 1 ASiG). Wenn ein Arbeitnehmer sich freiwillig einer ärztlichen Untersuchung unterzieht, wird der Arzt damit in der Regel insoweit von seiner Schweigepflicht entbunden, daß er das Untersuchungsergebnis, d.h. die Erkenntnisse über die Eignung des Arbeitnehmers, an den Arbeitgeber weitergeben darf (ausdrücklich geregelt in § 31 Abs. 2 GefahrstoffV). Die ärztliche Diagnose unterliegt aber der Geheimhaltungspflicht, es sei denn, der Arbeitnehmer hat darauf ausdrücklich verzichtet.

Bei Beachtung dieser Grundsätze sind medizinische Eignungsuntersuchungen rechtlich zulässig. Wenn sich ein Arbeitnehmer im Arbeitsvertrag oder im Personalfragebogen zur ärztlichen Untersuchung bereit erklärt hat, darf der Arbeitgeber ihn im Falle der Weigerung gleichwohl nicht zwangsweise untersuchen lassen, sondern ist darauf beschränkt, Schadensersatz zu verlangen bzw. das Arbeitsverhältnis durch Kündigung zu beenden. Teilweise sind ärztliche Untersuchungen auch gesetzlich vorgeschrieben, z.B. in §§ 32 ff. JArbSchG, §§ 81 ff. SeemannsG, §§ 28 ff. GefahrstoffV, §§ 10 ff. DruckluftV. Auch Tarifverträge (z.B. § 7 BAT) und Unfallverhütungsvorschriften der jeweils zuständigen Berufsgenossenschaften können ärztliche Untersuchungen der Arbeitnehmer vorsehen.

7. Gentechnische Analyse

Durch eine genetische Analyse (Genomanalyse) lassen sich bestimmte erbbedingte Merkmale eines Menschen feststellen, zusammengefaßt im sogenannten genetischen Code. Nach dem gegenwärtigen Stand der Wissenschaft bietet ein derartiges Verfahren allerdings keine Erkenntnismöglichkeiten über die Eignung eines Arbeitnehmers für einen bestimmten Arbeitsplatz. Damit ist auch in absehbarer Zukunft noch nicht zu rechnen. Voraussetzung dafür wäre die Übertragung des arbeitsplatzbezogenen Anforderungsprofils in einen genetischen Code, der dann für die Feststellung der Eignung von Arbeitnehmern als Vergleichsmaßstab dienen könnte. Aber auch damit ließe sich ein grundlegender Zweifel an der Aussagefähigkeit von genetischen Analysen über die Arbeitsplatzeignung nicht beseitigen, nämlich daß das aktuelle Fähigkeitsprofil eines Arbeitnehmers weniger von seinen genetischen Anlagen geprägt ist als vielmehr von seiner persönlichen Entwicklung, also vom sozialen Umfeld, der Ausbildung, beruflicher Erfahrung usw.

Angesichts der weitgehenden Ungeeignetheit heutiger genetischer Analysen bei der Personalauswahl sollen die Fragen der rechtlichen Zulässigkeit hier nur kurz gestreift werden. Eine genetische Analyse ist eine besondere Form der ärztlichen Untersuchung. Wie die medizinische Einstellungsuntersuchung ist sie daher grundsätzlich rechtlich zulässig. Sie bedarf aber der Einwilligung des betroffenen Arbeitnehmers. Aufgrund der ärztlichen Schweigepflicht (s. o. 6.) darf dem Arbeitgeber nur das Ergebnis der Untersuchung — Eignung des Arbeitnehmers — mitgeteilt werden, nicht aber die Diagnose im einzelnen, also die festgestellten genetischen Veranlagungen.

8. Schaubild: Psychologische Erkenntnisquellen

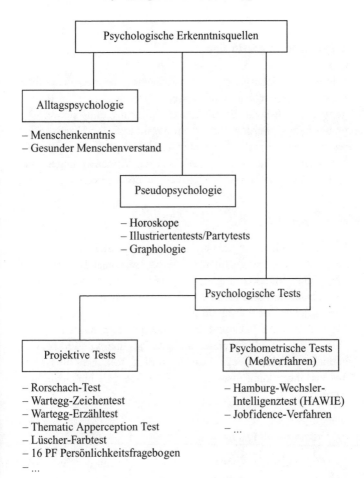

Psychologische Erkenntnisquellen

Alltagspsychologie
- Menschenkenntnis
- Gesunder Menschenverstand

Pseudopsychologie
- Horoskope
- Illustriertentests/Partytests
- Graphologie

Psychologische Tests

Projektive Tests
- Rorschach-Test
- Wartegg-Zeichentest
- Wartegg-Erzähltest
- Thematic Apperception Test
- Lüscher-Farbtest
- 16 PF Persönlichkeitsfragebogen
- ...

Psychometrische Tests (Meßverfahren)
- Hamburg-Wechsler-Intelligenztest (HAWIE)
- Jobfidence-Verfahren
- ...

IV. Der Test als Meßverfahren

1. Anforderungskriterien

Damit die Meßergebnisse verschiedener Testpersonen auch wirklich vergleichbar sind, müssen die meßtechnischen Bedingungen und Regeln für die Testdurchführung und -auswertung genau befolgt werden. Bei einem psychologischen Meßverfahren müssen daher die nachstehenden Gütekriterien erfüllt sein. Nur wenn ein Test diesen methodischen Voraussetzungen entspricht, kann er als wissenschaftlich zuverlässig gelten.

a) Objektivität

Sowohl Durchführung als auch Auswertung und Interpretation des Tests müssen unabhängig davon, wer das Testverfahren durchführt, immer zum gleichen Ergebnis führen. Verfälschungen durch individuelle Interpretationsspielräume sind bei psychologischen Meßverfahren ausgeschlossen. Ein und dasselbe Ergebnis in einer bestimmten Testdisziplin kann sogar in einem Fall erwünscht oder in einem anderen Fall unerwünscht sein, je nachdem, welche Stelle besetzt werden soll. Ein objektives Testverfahren kann also nicht auf das Meßziel hin beeinflußt werden.

b) Validität (Gültigkeit)

Die Gültigkeit des Tests ist nachgewiesen, wenn der Test wirklich das mißt, was er zu messen vorgibt. Die Körperkraft eines Menschen läßt sich durch eine Reihe von Gewichten ermitteln, die von der Testperson unter bestimmten Bedingungen bewältigt werden. Wenn eine Serie von Gewichten, etwa 30, 40, 50 kg, verwendet wird, läßt sich genau bestimmen, welches Gewicht von einer Person noch bewältigt worden ist und bei welchem Gewicht sie scheiterte, woraus eindeutige Rückschlüsse auf die Körperkraft gezogen werden können.

Komplizierter werden die Verhältnisse, wenn eine psychische Fähigkeit oder Fertigkeit gemessen werden soll. Bei jeder Testaufgabe muß dann nachgewiesen werden, daß eine hinreichend enge Beziehung zwischen der Aufgabe und der zu messenden Fähigkeit oder Fertigkeit besteht. Plausibilitätsüberlegungen allein reichen hierfür nicht aus, sondern der Zusammenhang muß durch entsprechende empirische Untersuchungen nachgewiesen sein. Voraussetzung für die Validität ist daher, daß entsprechende Versuche mit schlüssigem Ergebnis durchgeführt worden sind und daß der Test in regelmäßigen Abständen anhand ausreichend großer Anwenderzahlen auf seine Gültigkeit in unterschiedlichen Anwendungsbereichen untersucht wird.

c) Reliabilität (Zuverlässigkeit)

Die Zuverlässigkeit bezieht sich auf die „Stabilität" der Testresultate. Ein zuverlässiges Meßverfahren garantiert bei gleichen Meßobjekten oder bei Meßwiederholungen gleiche Resultate, die innerhalb eines präzise zu begrenzenden Schwankungsbereichs liegen müssen. Dies gilt z. B. für einen Tachometer genauso wie für ein psychologisches Meßverfahren. Der Grad der Zuverlässigkeit wird durch den sog. Reliabilitätskoeffizienten ausgedrückt. Dieser statistische Wert gibt an, in welchem Maße die Testergebnisse bei einer Personengruppe übereinstimmen, wenn die Testmessungen unter gleichen Bedingungen wiederholt werden. Der Wert kann zwischen „minus eins" und „plus eins" liegen, wobei beim Wert „plus eins" völlige Übereinstimmung und beim Wert „minus eins" überhaupt keine Ähnlichkeit besteht. Für einen zuverlässigen Test ist ein Reliabilitätskoeffizient von 0,8 erforderlich. Ein Wert von über 0,9 ist nach heutigem Wissensstand kaum zu erzielen, eine entsprechende Angabe gibt daher Anlaß, an der Seriosität des Testautors zu zweifeln.

Bei manchen Intelligenztests ergeben sich jedoch im Einzelfall nach mehreren Jahren starke Abweichungen bei den Meßwerten. Diese Abweichungen beruhen oft auf Abbauprozessen im zentralen Nervensystem, meist pharmakologisch bedingt, etwa durch längerfristigen Alkoholmißbrauch oder Medikamenteneinnahme.

Erst wenn für einen Test befriedigende Angaben über die genannten drei Gütekriterien (Objektivität, Validität, Reliabilität) vorliegen, kann man ihn als wissenschaftlich fundiert und aussagefähig ansehen. Die Erfüllung der drei genannten Kriterien charakterisiert die wichtigsten Qualitätsmerkmale, die ein psychologischer Test haben muß.

Die drei Gütekriterien für ein Meßverfahren sind an anderer Stelle längst rechtlich verankert, wo es auch um genaue und zuverlässige Messungen geht, nämlich im Eichwesen: In der Eichordnung sind die allgemeinen Anforderungen an Meßgeräte im einzelnen genannt. § 40 EichO („Meßgeräte müssen gegen eine Verfälschung von Meßwerten durch Bedienungsfehler und Eingriffe hinreichend geschützt sein …") dient der Objektivität der Messungen. Der Validität entspricht in der Eichordnung die Meßrichtigkeit, § 36 EichO: „Meßgeräte müssen so gebaut sein, daß sie für ihren bestimmungsgemäßen Verwendungszweck geeignet sind und Nenngebrauchsbedingungen richtige Meßergebnisse erwarten lassen." Auch für die Reliabilität findet sich in der Eichordnung die passende Entsprechung, nämlich die in § 37 EichO verlangte Meßbeständigkeit: „Als meßbeständig gelten Meßgeräte, die richtige Meßergebnisse über einen ausreichend langen Zeitraum erwarten lassen." Zwar gehören psychologische Meßverfahren nicht zu den nach dem Eichgesetz eichpflichtigen und eichfähigen Meßgeräten, aber die Parallelen bei den Anforderungskriterien lassen den Schluß zu, daß psychologische Meßverfahren und ihre Ergebnisse im Rechtsverkehr eine höhere Geltung beanspruchen dürfen als sonstige psychologische Hilfestellungen zur Entscheidungsfindung bei der Auswahl von Mitarbeitern.

2. Aussagen und Erkenntnisse

a) Einzelne meßbare Merkmale

Da für die Berufs- bzw. Betriebseignung eines Bewerbers die Information über eine einzige Fähigkeit oder Fertigkeit normalerweise nicht ausreichend sein wird, werden meist mehrere psychische Merkmale mittels verschiedener Tests (sog. Testbatterien) zu untersuchen sein. In der Praxis der Eignungsmessung gelten die Merkmale Intelligenzanpassung, Intelligenzorganisation, Umstellungsbereitschaft, Leistungsmotivation und Streßstabilität als besonders aussagefähig für die Eignung eines Mitarbeiters. Diese Merkmale sollen hier kurz charakterisiert werden.

– Intelligenzanpassung und Intelligenzorganisation sind Merkmale, mit denen die intellektuelle Leistungsfähigkeit eines Stellenbewerbers erfaßt wird: Intelligenzanpassung betrifft den sprachlich-rechnerischen Bereich, Intelligenzorganisation den Bereich des abstrakten Denkens, des sprachfreien Erfassens von Zusammenhängen und Problemlösungen.

– Umstellungsbereitschaft spezifiziert, inwieweit das Leistungsverhalten eher flexibel und anpassungsabhängig ist, oder ob umgekehrt ein einmal gestecktes Ziel unter allen Umständen weiter verfolgt wird (Regeltreue).

– Mit der Messung der Leistungsmotivation wird spezifiziert, ob jemand schnelle und konkrete Erfolge braucht, um in seiner Arbeit zufrieden zu sein (ergebnisorientiert) oder ob ihm eher an einem befriedigenden Ablauf seiner Arbeitstätigkeit gelegen ist (funktionsorientiert).

– Die Messung der Streßstabilität erfaßt, wie intensiv Spannungen und Konflikte im Umfeld wahrgenommen werden und wie sich dies auf die Leistungsfähigkeit auswirkt.

b) Auswertungsmethode

Der Sinn des Meßverfahrens besteht darin, daß mehrere Personen hinsichtlich der Ausprägung bestimmter Merkmale miteinander verglichen werden können. Dies geschieht dadurch, daß die getesteten Personen hinsichtlich bestimmter Merkmalsausprägungen in eine Rangfolge gebracht werden. Durch ihre Rangposition ist dann jede Person charakterisiert. Der jeweils ermittelte Rangplatz gibt Auskunft darüber, ob das untersuchte Merkmal im Vergleich zur übrigen Personengruppe stark, durchschnittlich oder schwach ausgeprägt ist. Wenn diese Personengruppe repräsentativ angelegt ist, kann der Ausprägungsgrad des Merkmals, der als Prozentrangwert dargestellt wird, eine sehr zuverlässige Vorhersage begründen.

Die Messungen von 5 oder 6 Merkmalen ergeben zusammen das individuelle Profil des Bewerbers (Fähigkeits- oder Eignungsprofil).

3. Verhältnis zum Anforderungsprofil

Um das gewonnene Fähigkeitsprofil des Arbeitnehmers für die Personalauswahl sinnvoll verwerten zu können, braucht man einen entsprechenden arbeitsplatzbezogenen Vergleichsmaßstab. Diese Funktion erfüllt das Anforderungsprofil. In ihm werden auf Grund einer Analyse der speziellen Anforderungen des Arbeitsplatzes die dafür gewünschten Eigenschaften und Qualifikationen des Bewerbers definiert. Zweckmäßigerweise geht die Erstellung des Anforderungsprofils der Planung und Durchführung von psychologischen Tests voraus. Denn erst wenn festgelegt wurde, welche Leistungen der Stelleninhaber erbringen muß, läßt sich bestimmen, welche Merkmalsausprägungen der Bewerber aufweisen soll. An die sprachliche Intelligenz eines Betriebsleiters sind beispielsweise höhere Anforderungen zu stellen als an die des Maschineneinrichters. Der Wertpapieranalytiker braucht mehr sensitives Gespür für eventuelle Risiken als ein Ausbilder. Dagegen wäre es sinnlos, die Kreativität eines Wachmannes zu untersuchen. Erst die analysierten Positionsanforderungen, die personenunabhängig ermittelt wurden, ergeben das Anforderungsprofil. Selbstverständlich gehören zu einem Anforderungsprofil auch die sonstigen Qualifikationen, die eine bestimmte Position erfordert: Branchen-, EDV- oder Sprachkenntnisse, Führerscheinbesitz usw.

Ein Anforderungsprofil für einen Buchhalter könnte z. B. folgenden Inhalt haben: „Kaufmännische Lehre, Berufserfahrung: mindestens zwei Jahre, Intelligenz: Keine Extremausprägung, Umstellungsbereitschaft: gering (höchstens PR 40), Leistungsmotivation: ergebnisorientiert (höchstens PR 40), Streßstabilität: durchschnittlich (ca. PR 50)". Die Überlegungen, die hinter diesem Profil stehen, gehen davon aus, daß der Buchhalter zwar nicht minderbegabt sein darf, jedoch auch keine eigenständigen intellektuellen Leistungen erbringen muß, dafür aber regeltreu und an vorzeigbaren Vorgängen orientiert sein und in psychischen Streßsituationen durchschnittlich stabil reagieren sollte. Wenn die Bewerbungsunterlagen und das Ergebnis eines psychologischen Tests erwarten lassen, daß der Bewerber alle genannten Kriterien erfüllt, wird seine Einstellung mit nur geringen Risiken verbunden sein.

4. Manipulation von psychologischen Tests?

In der Praxis der Eignungsbewertung zeigt sich, daß routinierte Stellenbewerber zunehmend dazu übergehen, sich mit Hilfe von Psychologen oder spezifischen Dienstleistern auf psychologische Tests aller Art vorzubereiten. Bei Einsatz ungeeigneter Verfahren, insbesondere tiefenpsychologischer Fragebogen und anderer projektiver Verfahren, gelingt es den „Testknackern" regelmäßig, aufgrund der absolvierten Schulungen die „richtigen" Antworten und Reaktionen zu treffen. Bei psychologischen Meßverfahren ist eine Vorbereitung regelmäßig unschädlich: Langfristige Dispositionen wie Wahrnehmung oder Gedächtnis lassen sich kurz- und mittelfristig nicht über den Stand hinaus trainieren, auf dem sich der Bewerber bereits befindet. Allenfalls wissentliche Falschantworten könnten das Meßergebnis verfälschen. Es ist aber wenig wahrscheinlich, daß ein Bewerber, der ein Interesse an seiner Einstellung hat, sein Meßergebnis verschlechtern möchte. Zudem können die Antworten in den persönlichkeitsbezogen Teilen eines Tests nie „richtig" oder „falsch" im absoluten Sinne sein, denn die Einzelergebnisse führen zunächst zum persönlichen Fähigkeitsprofil des Bewerbers. Erkenntnisse über seine Eignung für den Arbeitsplatz ergeben sich erst aus dem Vergleich zwischen dem persönlichen Profil und dem arbeitsplatzbezogenen Anforderungsprofil. Je höher die Übereinstimmung, desto geeigneter ist der Bewerber. Besondere psychische Auffälligkeiten bzw. Unstimmigkeiten sind im Anforderungsprofil für einen zu besetzenden Arbeitsplatz regelmäßig nicht vorgesehen. Ein Bewerber, der durch Selbstverleugnung solche auffälligen Meßergebnisse provoziert, entfernt sich durch sein widersprüchliches Fähigkeitsprofil vom Anforderungsprofil, seine Chancen im Bewerbungsverfahren sinken.

Allenfalls ein in der Testkonstruktion und in der Erstellung von Eignungsprofilen bewanderter Bewerber wäre imstande, psychologische Meßverfahren erfolgreich zu manipulieren. Aber auch in diesem Falle wäre es letztlich eine Manipulation zum eigenen Nachteil, da das Eignungsdefizit in der Probezeit oder danach zwangsläufig zutage treten würde.

V. Andere Meßverfahren im Recht

1. Generelle Bedeutung

Messungen und auch bestimmte Meßverfahren werden vielfach von Rechts wegen angeordnet. Eine der einfachsten Arten der Messung besteht darin, daß man Stunden, Tage, Wochen usw. zählt, um auf diese Weise Fristen und Termine richtig zu berechnen (s. §§ 187 ff. BGB). Mit zunehmendem technischen Fortschritt werden aber auch immer kompliziertere Meßverfahren rechtlich anerkannt und angeordnet, deren Durchführung technische und wissenschaftliche Spezialkenntnisse erfordert. Das gilt z. B. im Verkehrsrecht für die Messung von Alkohol- oder Drogenanteilen im Blut oder bei Emissionsmessungen nach dem Bundesimmissionsschutzgesetz. Messungen kommen auch im Bereich des Arbeitsrechts vor, z. B. zur Feststellung der Anzahl der Betriebsratsmitglieder nach § 9 BetrVG, der Arbeitnehmeranzahl nach § 1 MitbestG oder des Ablaufs der 6-Monatsfrist in § 1 KSchG.

Wissenschaftlich fundierte Messungen sind in ihrer Zuverlässigkeit der menschlichen Beobachtungsgabe in der Regel überlegen. Schätzungen und Werturteile durch Messungen zu ersetzen ist daher ein Gebot der Gerechtigkeit. Soweit es um staatliches Handeln geht, ergibt sich die Pflicht zu möglichst objektiven, nachvollziehbaren Entscheidungen bereits aus dem Rechtsstaatsprinzip (Art. 20 Abs. 3 GG). Dies gilt nicht nur für staatliches Verwaltungshandeln, sondern auch für die Rechtsprechung. Besondere Bedeutung entfalten Messungen vor allem dann, wenn ein schwerwiegender Eingriff des Staates in die Rechte der Bürger in Rede steht, also im Strafverfahren: Bevor es zu einer Verurteilung kommt, muß das Gericht durch geeignete Beweise von der Schuld des Angeklagten überzeugt sein. Belastende Zeugenaussagen beispielsweise werden durch geschickte Verteidiger leicht in Zweifel gezogen, so daß die

Unschuldsvermutung zugunsten des Angeklagten nicht widerlegt werden kann. Die Überführung eines Täters mit Hilfe objektiv meßbarer Indizien (z. B. Fingerabdrucksabgleich) ist dagegen nur schwer zu entkräften. Grundsätzlich läßt sich sagen, daß Schätzungen oder gar Spekulationen im Recht immer dann unzulässig sind, wenn eine exakte Ermittlung der Tatsachen durch Messung möglich ist. Und wenn aus Vereinfachungsgründen eine Schätzung ausdrücklich zugelassen ist, dann muß sie auf nachvollziehbaren Vorgaben beruhen, vgl. dazu die Schadensschätzung im Zivilprozeßrecht gemäß § 287 ZPO. Es gibt sogar Fälle, in denen ein mathematisch ausgeklügeltes Schätzverfahren aufgrund seiner statistischen Genauigkeit neben einem scheinbar objektiven Zählverfahren rechtlich anerkannt ist: Die Stichprobeninventur nach § 241 Abs. 1 HGB. Untersuchungen haben nämlich ergeben, daß die konventionelle Meßmethode, nämlich das Zählen des gesamten vorhandenen Inventars, wegen der normalen menschlichen Fehlerquoten zu ungenaueren Ergebnissen führt als die — fehlerfreie — Zählung einer kleinen Stichprobe und anschließende Hochrechnung auf den Gesamtbestand nach anerkanntem mathematisch-statistischen Verfahren.

2. Einzelbeispiele

Im Verkehrsrecht werden tagtäglich Tausende von Messungen verwendet, um Verkehrsverstöße zu ahnden oder den Hergang von Unfällen zu rekonstruieren. Eine zentrale Rolle spielen dabei die Geschwindigkeitsmessungen durch die Polizei. Die dabei angewandten technischen Verfahren (Radargeräte, Funkstoppverfahren, Spiegelmeßverfahren, Lichtschrankenmessung mit Zweifach- und Dreifach-Lichtschranken usw.) liefern nur dann zuverlässige Meßergebnisse, wenn die Geräte geeicht sind und richtig aufgestellt und bedient werden. Nur Meßergebnisse, die auf diese Weise ordnungsgemäß gewonnen wurden, können im gerichtlichen Verfahren verwertet werden. Um auch – nie ganz auszuschließende – verbleibende Meßungenauigkeiten zu berücksichtigen, wird in der Rechtsprechung je nach Meßverfahren vom Meßwert ein Betrag von 3–5 km/h bzw. 3–5% oder mehr zugunsten des Fahrers abgezogen. Besondere Bedeutung für den Straßenverkehr hat die Bestimmung der Blutalkoholkonzentration (BAK). Sowohl die Ordnungswidrigkeit in § 24a StVG (ab 0,8 Promille BAK) als auch die Strafbarkeit wegen einer Trunkenheitsfahrt in absolut fahruntüchtigem Zustand nach § 316 oder § 315c StGB (ab 1,1 Promille BAK) setzen entsprechende Messungen voraus. Im Gesetz ist kein bestimmtes Meßverfahren vorgeschrieben, in der Rechtsprechung wird allgemein der arithmetische Mittelwert von mehreren Meßdaten der drei anerkannten Verfahren (*Widmark*, ADH-Methode, gaschromatographisches Verfahren) als BAK zugrunde gelegt.

Im Eichrecht ist geregelt, daß alle Meßgeräte (z.B. Waagen), die im Geschäftsverkehr verwendet werden sollen, geeicht sein müssen, sogenannte Eichpflicht nach § 1 Eichgesetz. Ein Meßgerät genügt der eichtechnischen Prüfung nur, wenn es innerhalb gewisser Toleranzgrenzen richtige, beständige und überprüfbare Meßergebnisse liefert und ausreichend gegen Manipulationen geschützt ist (§§ 36 ff. EichO).

Umweltrechtliche Vorschriften verlangen ebenfalls eine Vielzahl von Messungen. Dabei werden die in den einschlägigen Gesetzen (Bundesimmissionsschutzgesetz, Gewerbeordnung, Atomgesetz usw.) enthaltenen Normen oft durch Verordnungen und Verwaltungsvorschriften konkretisiert, z.B. die „Technische Anleitung zum Schutz gegen Lärm", TA-Lärm zu § 16 GewO oder die allgemeine Verwaltungsvorschrift zum BImSchG, TA-Luft. Teilweise verweisen die Gesetze auch auf private Regelwerke, etwa des Deutschen Instituts für Normung (DIN), des Vereins Deutscher Ingenieure (VDI), des Verbandes Deutscher Elektrotechniker (VDE) u.ä. Die umweltrechtlichen Vorschriften enthalten Standard- und Grenzwerte, deren Erreichung bzw. Überschreitung durch technische Meßverfahren zu ermitteln ist, wovon dann im Einzelfall die Genehmigung einer Anlage abhängen kann.

VI. Berechtigung und Verpflichtung zum Test

1. Die rechtliche Zulässigkeit psychologischer Tests

a) Begrenzung durch das allgemeine Persönlichkeitsrecht

Im eigenen Interesse ist der Arbeitgeber im Rahmen der Personalauswahl — sei es bei Einstellung oder bei Beförderung — darauf bedacht, nicht allein Informationen über die beruflichen, wirtschaftlichen und familiären Verhältnisse des Arbeitnehmers zu erhalten. Vielmehr möchte er möglichst umfassend die Eignung des Bewerbers für den vorgesehenen Arbeitsplatz ermitteln. Andererseits will und muß der Bewerber aber nicht alle Einzelheiten aus seiner Privat- und Intimsphäre preisgeben. Diese Interessenkollision kann nur dadurch gelöst werden, daß das Informationsrecht des Arbeitgebers so weit eingeschränkt wird, daß das Persönlichkeitsrecht des Betroffenen im erforderlichen Umfang vor rechtswidrigen Verletzungen geschützt wird.

Das allgemeine Persönlichkeitsrecht als Recht auf Achtung und Entfaltung der Persönlichkeit beruht auf den verfassungsrechtlichen Grundrechten der Menschenwürde (Art. 1 Abs. 1 GG) und der freien Entfaltung der Persönlichkeit (Art. 2 Abs. 1 GG). Als sonstiges Recht i. S. v. § 823 Abs. 1 BGB wirkt es ins Zivilrecht und damit auch ins Arbeitsrecht hinein und schützt dabei viele verschiedene Aspekte der Persönlichkeit, wie z. B. die Ehre, den Namen, das Recht am eigenen Wort, die Privat- und Intimsphäre. Das allgemeine Persönlichkeitsrecht dient auch dem Schutz des Menschen vor unbefugter Ausforschung seiner inneren Strukturen und Eigenschaften. Damit setzt es der rechtlichen Zulässigkeit psychologischer Tests nachprüfbare Grenzen.

Bei der Ermittlung des Schutzbereichs des Persönlichkeitsrechts ist davon auszugehen, daß jeder Mensch durch seine Erscheinung, seine Worte, Mimik und Gestik sowie sein sonstiges Verhalten in bestimmtem Umfang seine Persönlichkeit offenbart. Hiermit muß ein Arbeitnehmer immer rechnen. Wenn dagegen nicht offensichtliche Eigenschaften wie Intelligenzanpassung, Intelligenzorganisation, Streßstabilität, Motivation, Leistungsbereitschaft u. a. durch wissenschaftliche Meßverfahren ermittelt werden, geht dies über übliche Rückschlüsse aus dem äußeren Erscheinungsbild hinaus. Durch die Verwendung psychologischer Meßverfahren wird also der Schutzbereich des Persönlichkeitsrechts berührt, möglicherweise greift der Arbeitgeber in unverhältnismäßiger Weise in die Rechte des Arbeitnehmers ein.

Eingriffe in das Persönlichkeitsrecht des Arbeitnehmers können aber durch die Wahrnehmung überwiegender schutzwürdiger Interessen des Arbeitgebers gerechtfertigt sein. Ob ein Eingriff in das Persönlichkeitsrecht des Arbeitnehmers widerrechtlich ist, muß also erst durch eine Güter- und Interessenabwägung festgestellt werden. Das Bundesarbeitsgericht hat ein berechtigtes Interesse des Arbeitgebers an einer psychologischen Untersuchung z. B. dann bejaht, wenn dieser als Busunternehmer seiner besonderen, gegenüber anderen Verkehrsteilnehmern noch gesteigerten Verantwortung allein dadurch gerecht werden kann, daß er einen Arbeitnehmer nur so lange als Omnibusfahrer beschäftigt, wie er sicher sein kann, daß er den hohen an ihn zu stellenden Anforderungen voll gerecht wird (*BAG* 13.2.1964, BB 1964, S. 472 = DB 1964, S. 554). Allgemein ist daraus zu folgern, daß der Arbeitgeber — ähnlich wie beim Fragerecht — allein arbeitsplatzbezogene Merkmale des Arbeitnehmers durch einen psychologischen Test erheben darf. Umgekehrt besteht kein berechtigtes Interesse, darüber hinaus mit Hilfe eines Tests das allgemeine Charakterbild des Bewerbers zu erforschen. Beachtet der Arbeitgeber bei der Auswahl von psychologischen Tests dieses Abgrenzungskriterium, so ist der Eingriff in das Persönlichkeitsrecht des Arbeitnehmers gerechtfertigt. Beispielsweise entspricht die Messung von Intelligenzanpassung und -organisation, Umstellungsbereitschaft, Leistungsmotivation und Streßstabilität diesem Abgrenzungskriterium. Denn diese Merkmale beziehen sich auf die Eignung für Tätigkeiten in bestimmten Berufen bzw. an bestimmten Arbeitsplätzen, so daß das Persönlichkeitsrecht des Bewerbers im Ganzen nicht unverhältnismäßig eingeschränkt wird.

Das Prinzip der Begrenzung psychologischer Tests auf Kriterien der beruflichen Eignung hat auch der Gesetzgeber bereits anerkannt, und zwar zunächst für den Sonderfall der Beratung von Arbeitssuchenden durch die Arbeitsämter: „Soweit dies zur Beurteilung ihrer beruflichen Eignung erforderlich ist" können Ratsuchende mit ihrem Einverständis psychologisch untersucht werden, § 27 Abs. 2 AFG.

b) Einwilligung des Arbeitnehmers

Auch wenn der Eingriff in das Persönlichkeitsrecht des Arbeitnehmers verhältnismäßig und damit grundsätzlich zulässig ist, setzt die Durchführung eines psychologischen Tests darüber hinaus die Einwilligung der Testperson voraus. Auch bei einem an sich rechtlich zulässigen Eingriff in das Persönlichkeitsrecht muß dem Betroffenen die Wahl bleiben, den Test zu verweigern. Daß sich aus der Weigerung für den Arbeitnehmer möglicherweise nachteilige Konsequenzen für die Erfolgsaussichten seiner Bewerbung ergeben, muß er sich allerdings selbst zurechnen (im einzelnen unten VIII. 5.).

Die Einwilligung des Arbeitnehmers muß rechtlich wirksam erklärt werden. Voraussetzung dafür ist, daß der Arbeitnehmer vor seiner Entscheidung ausreichend informiert wurde und dann freiwillig seine Einwilligung erklärt hat. Ähnlich wie bei der Einwilligung in medizinische Eingriffe besteht der Sinn der Aufklärung darin, daß der Einwilligende eine zutreffende Vorstellung von dem voraussichtlichen Verlauf und den Folgen des geplanten Eingriffs in seine Rechte hat. Ziel der Aufklärungspflicht ist es, dem Betroffenen eine möglichst sinnvolle Wahrnehmung seiner Rechte zu gewährleisten. Bei einem bevorstehenden psychologischen Test soll der Bewerber dadurch in die Lage versetzt werden, das Für und Wider des Tests abschätzen zu können. Pauschale Formulierungen wie „Machen Sie mit bei unserem hauseigenen psychologischen Test, entwickelt von Prof. Dr. XY?" reichen dazu nicht aus. Vielmehr muß die Aufklärung dem Bewerber, wenn auch nicht in allen Einzelheiten, so doch in den Grundzügen, zutreffende Kenntnis über die Art des Tests, die Bedeutung der Ergebnisse und die Einhaltung der wissenschaftlichen Gütekriterien (Objektivität, Validität und Reliabilität) verschaffen.

Damit hat die Frage der Wissenschaftlichkeit des Testverfahrens bei der Beurteilung der Einwilligung große Bedeutung. Es besteht zwar kein rechtlich zwingendes Gebot, nur solche psychologischen Tests anzuwenden, die den wissenschaftlichen Gütekriterien genügen, aber die Anforderungen an die Aufklärungspflicht sind bei nicht wissenschaftlich abgesicherten, projektiven Verfahren besonders hoch. Bei entsprechender Aufklärung über die immanenten Unsicherheiten derartiger Verfahren kann der Arbeitnehmer grundsätzlich auch diesen Eingriffen in sein Persönlichkeitsrecht zustimmen, da die Grenze der Sittenwidrigkeit auch durch unsichere Testverfahren in der Regel nicht erreicht wird (§ 138 Abs. 1 BGB, § 226a StGB). Somit kann auch beispielsweise ein Horoskop oder ein graphologisches Gutachten, obwohl beide als projektive Verfahren wegen Nichteinhaltung der Gütekriterien die Grenzen zur Spekulation überschreiten, mit entsprechender Einwilligung des Bewerbers rechtlich zulässig angefertigt werden.

Die Einwilligung in einen psychologischen Test muß freiwillig sein. Daran fehlt es, wenn sie durch Gewalt, rechtswidrige Drohung, Zwang oder arglistige Täuschung herbeigeführt wird. Ein Hinweis des Arbeitgebers, daß Bewerber ohne Teilnahme am psychologischen Test vom weiteren Auswahlverfahren ausgeschlossen sind und damit auch nicht eingestellt werden, mag zwar für den einzelnen bedrohlich wirken, stellt aber keine rechtswidrige Drohung dar, weil ohnehin kein Anspruch des Bewerbers auf Einstellung besteht.

Eine bestimmte Form muß die Einwilligung nicht erfüllen: Sie kann mündlich oder schriftlich erteilt werden. In der Praxis wird dem Arbeitnehmer zumeist ein Formblatt des Psychologen mit aufklärenden Hinweisen zur Unterzeichnung vorgelegt.

Bei minderjährigen Arbeitnehmern, z. B. Auszubildenden, ergeben sich für die Frage der Einwilligung einige Besonderheiten. Grundsätzlich sind die Eltern bzw. sonstige Sorgeberechtigten zur Vertretung des beschränkt geschäftsfähigen Minderjährigen im Rechtsverkehr berufen (§ 1629 BGB). Für die Einwilligung sind aber die Vorschriften über Willenserklärungen (§§ 104 ff. BGB) nicht anwendbar, damit hängt die Wirksamkeit einer Einwilligung nicht von der Geschäftsfähigkeit des Einwilligenden und der entsprechenden Zustimmung der gesetzlichen Vertreter ab. Die Einwilligung eines beschränkt Geschäftsfähigen ist auch ohne Mitwirkung seines gesetzlichen Vertreters wirksam, sofern er nach seiner geistigen Reife die Tragweite und Bedeutung des Eingriffs und seiner Gestattung zu ermessen vermag. Im Regelfall ist davon auszugehen, daß der jugendliche Bewerber diese erforderliche Reife hat, so daß nur im Ausnahmefall die Eltern hinzugezogen werden müssen.

2. Verpflichtung des Arbeitgebers zur Durchführung von Tests

a) Verpflichtung zum Schutz Dritter

Wenn wegen der Art des Arbeitsplatzes von einem einzustellenden Arbeitnehmer Gefahren für unbeteiligte Dritte ausgehen können, müssen bei der Besetzung dieses Arbeitsplatzes besonders hohe Anforderungen gelten. Der Arbeitgeber muß sich in diesen Fällen auch mit Hilfe wissenschaftlicher psychologischer Tests die Gewißheit verschaffen, daß der Arbeitnehmer den an ihn gestellten hohen Anforderungen gerecht werden wird. Dies gilt sowohl für die Personalauswahl bei Tätigkeiten, die direkt eine Gefährdung Dritter heraufbeschwören können, wie z. B. für Busfahrer, Piloten, Lokführer oder Reaktorfahrer, als auch für Führungskräfte, die ein hohes Maß an Verantwortung gegenüber ihren Mitarbeitern und der Allgemeinheit haben, wie z. B. bei einem leitenden Techniker in einem Kernkraftwerk oder bei Ausbildern gegenüber den Auszubildenden (§ 6 Abs. 1 Nr. 5 BBiG).

Unterläßt der Arbeitgeber bei der Auswahl eines Bewerbers für solche verantwortungsvollen und schwierigen Tätigkeiten die Eignungsprüfung mittels eines psychologischen Tests und werden bei der Arbeit dritte Personen verletzt (z. B. ein Fahrgast bei einem Busunfall) oder fremde Sachen beschädigt, so kann der Arbeitgeber gemäß § 831 Abs. 1 BGB auf Schadensersatz in Anspruch genommen werden. Ein Entlastungsbeweis durch Widerlegung der Verschuldensvermutung gemäß § 831 Abs. 1 Satz 2 BGB wird in diesem Fall zu verneinen sein, weil sich der Arbeitgeber nicht auf eine sachgemäße Personalauswahl berufen kann.

b) Verpflichtung zum Schutz des Arbeitnehmers vor eigener Überlastung

Die Frage, ob den Arbeitgeber auch eine Verpflichtung trifft, psychologische Tests durchzuführen, um den Arbeitnehmer selbst vor einer möglichen Überlastung an dem neuen Arbeitsplatz zu schützen, ist bisher in Rechtsprechung und Literatur noch nicht behandelt worden. Immerhin wäre mit Hilfe eines Meßverfahrens eine mögliche Ungeeignetheit des Bewerbers schon vorher feststellbar, und dieser könnte vor Überlastung durch falschen Einsatz und damit verbundenen Gefahren für seine Gesundheit, aber auch vor psychischer Überlastung wegen eigener Fehlleistungen geschützt werden. Es fragt sich daher, ob der Arbeitgeber aus Rechtsgründen verpflichtet ist, entsprechende Vorkehrungen zu treffen.

Schutzpflichten treffen den Arbeitgeber speziell bei der Wahrung der Sicherheit am Arbeitsplatz (§ 618 BGB) und darüber hinaus aus seiner allgemeinen Fürsorgepflicht gegenüber den Arbeitnehmern. Diese Fürsorgepflicht leitet sich aus dem Grundsatz von Treu und Glauben (§ 242 BGB) ab und verpflichtet den Arbeitgeber, die Rechtsgüter des Arbeitnehmers (Leben, Gesundheit, Persönlichkeit, Eigentum) zu schützen. Im Rahmen der Fürsorgepflicht hat der Arbeitgeber den Arbeitnehmer auch vor Überanstrengung zu bewahren. Beispielsweise darf der Arbeitgeber auch bei einem gutbezahlten leitenden Angestellten weder dulden noch gar verlangen, daß sich dieser in einer seine Gesundheit ernstlich gefährdenden Weise überarbeitet. Dazu dienen ganz formal schon die Grenzen im ArbZG durch die Festlegung von Höchstarbeitszeiten (max. 10 Std./ Tag, § 3 ArbZG) und zwingend vorgeschriebenen Pausen (§ 4 ArbZG). Wenn der Arbeitgeber seine Schutzpflichten schuldhaft verletzt und dadurch dem Arbeitnehmer ein Schaden entsteht, so kann dadurch eine Schadensersatzpflicht des Arbeitgebers begründet sein. Daher liegt es nahe, seitens des Arbeitgebers bereits bei der Einstellung eine Überlastung des Arbeitnehmers durch ungenügende Qualifikation auszuschließen.

Gesetzliche Ausformungen dieser Schutzpflicht finden sich unter anderem im Mutterschutzgesetz (§ 3 Abs. 1 bzw. § 6 Abs. 2 MuSchG) und im Schwerbehindertengesetz (§ 14 Abs. 2 SchwbG). Jugendliche Arbeitnehmer (14- bis 17jährige) werden durch § 22 Abs. 1 Nr. 1 Jugendarbeitsschutzgesetz (JArbSchG) vor Überlastung geschützt. Danach dürfen Jugendliche nicht mit solchen Arbeiten beschäftigt werden, die ihre Leistungsfähigkeit übersteigen, wobei nicht nur die körperliche, sondern auch die psychische und geistige Leistungsfähigkeit umfaßt ist.

Inwieweit der Arbeitgeber allgemein den bei ihm beschäftigten Arbeitnehmer bei der Arbeit beanspruchen und belasten darf, ergibt sich aus der „individuellen Normalleistung" des Arbeitnehmers. Nach diesem vom Bundesarbeitsgericht entwickelten Begriff genügt der Arbeitnehmer seiner Arbeitspflicht gemäß § 611 BGB bereits dann, wenn er unter angemessener Anspannung seiner körperlichen und geistigen Kräfte das ihm Mögliche leistet, ohne dabei Raubbau an seinen Kräften zu treiben (*BAG* 20.3.1969, BB 1969, S. 796 = DB 1969, S. 1154; 17.7. 1970, BB 1970, S. 1481 = DB 1970, S. 2226). Somit kann der Arbeitgeber vom Arbeitnehmer — wiederum unter dem Gesichtspunkt der Fürsorgepflicht — nicht verlangen, daß dieser ständig Spitzenleistungen erbringt, um den objektiven Anforderungen des Arbeitsplatzes gerecht zu werden. Eine vorherige Feststellung der individuellen Leistungsfähigkeit sollte also dazu beitragen, viele Konflikte im Arbeitsverhältnis von Anfang an zu vermeiden.

Damit der Arbeitgeber den Arbeitnehmer seinem Leistungsvermögen entsprechend einsetzen kann, muß er dessen Eignung vor der Einstellung analysieren. Da hierzu wohl die bloße Menschenkenntnis des Arbeitgebers kaum ausreichen dürfte, empfiehlt sich zur Ermittlung der für den Arbeitsplatz relevanten Eigenschaften die Verwendung eines psychologischen Meßverfahrens. Gleichwohl besteht für den Arbeitgeber aber keine Rechtspflicht zur Analyse der Fähigkeitsmerkmale des Arbeitnehmers mittels psychologischer Meßverfahren, etwa dergestalt, daß der Arbeitnehmer einen einklagbaren Rechtsanspruch auf Durchführung eines psychologischen Meßverfahrens hätte. Der Verzicht auf ein psychologisches Meßverfahren bzw. die Auswahl ungeeigneter Tests begründet für sich genommen keine Schadensersatzpflicht des Arbeitgebers. Denn es ist Aufgabe des Arbeitnehmers, wenn er sich vertraglich zu einer bestimmten Arbeit verpflichtet, daß er auch den Anforderungen, die sich aus dem Arbeitsverhältnis ergeben, gewachsen ist. Auf Grund des Verzichts auf einen psychologischen Test können dem Arbeitgeber im weiteren Verlauf des Arbeitsverhältnisses rechtliche Nachteile drohen, etwa bei der Kündigung des betreffenden Arbeitnehmers (s. u. IX. und X.). Aus diesem Grund ist der Arbeitgeber im eigenen Interesse — mittelbar — doch verpflichtet, die Eignung eines Arbeitnehmers mit einem psychologischen Meßverfahren überprüfen zu lassen, jedenfalls soweit es überhaupt auf psychische Eigenschaften für den zu besetzenden Arbeitsplatz ankommt. Eine derartige Handlungspflicht im wohlverstandenen Eigeninteresse bezeichnet man als Obliegenheit.

3. Besonderheiten im öffentlichen Dienst

Die Arbeitgeber des öffentlichen Dienstes sind bei ihren Personalentscheidungen an die besonderen Vorschriften des öffentlichen Rechts, insbesondere des Beamtenrechts gebunden. Nach Art. 33 Abs. 2 GG kommt es für einen Bewerber bei der Aufnahme in den öffentlichen Dienst auf seine Eignung, Befähigung und fachliche Leistung — und auch nur darauf — an. Zur Eignung und Befähigung gehören je nach Art des zu besetzenden Arbeitsplatzes auch psychische Eigenschaften des zukünftigen Beamten, Angestellten oder Arbeiters des öffentlichen Dienstes. Insoweit ergeben sich gegenüber der Privatwirtschaft keine Besonderheiten. Soweit zum Zweck der Personalauswahl psychologische Tests durchgeführt oder die Ergebnisse früherer Tests beigezogen werden, sind diese psychologischen Daten bei der Personalentscheidung zugrunde zu legen. Anderenfalls würde der Dienstherr bei dieser Ermessensentscheidung von unzureichendem Tatsachenmaterial ausgehen, mit der Konsequenz, daß die Entscheidung ermessensfehlerhaft und damit rechtswidrig wäre (zur Selbstbindung des Arbeitgebers s. u. VIII. 6. b).

Was die Auswahl von geeigneten psychologischen Tests anbetrifft, bewirkt die strenge Bindung der öffentlich-rechtlichen

Arbeitgeber an das spezielle Gleichbehandlungsgebot in Art. 33 Abs. 2 GG, daß nur die Ergebnisse wissenschaftlich abgesicherter psychologischer Testverfahren bei der Auswahlentscheidung zugrunde gelegt werden dürfen. Bei projektiven Tests wäre dagegen auf Grund der subjektiven Auswertung des gewonnenen Testmaterials die Chancengleichheit der Bewerber nicht gewahrt. Die dadurch zu befürchtende Ungleichbehandlung kann auch durch eine noch so weit gehende Aufklärung über die Testmethode nicht vermieden werden. Insoweit setzt sich wegen der direkten Grundrechtsbindung der Arbeitgeber des öffentlichen Dienstes das Persönlichkeitsrecht des einzelnen Bewerbers gegenüber den Informationsinteressen gemäß Art. 33 Abs. 2 GG durch.

Daneben haben die öffentlich-rechtlichen Arbeitgeber alle sonstigen einschlägigen Rechtsvorschriften, insbesondere das Bundesdatenschutzgesetz (BDSG) zu beachten. Darüber hinaus sind in einigen Bundesländern spezielle Regelungen für den Umgang mit psychologischen Tests in den Landesdatenschutzgesetzen getroffen worden, die die jeweiligen Länder und ihre Einrichtungen zu befolgen haben:

In **Brandenburg** ist die Weiterverarbeitung der bei psychologischen Tests zum Zweck der Eingehung eines Dienst- oder Arbeitsverhältnisses erhobenen Daten nur mit schriftlicher Einwilligung des Bewerbers zulässig. Die Einstellungsbehörde darf in der Regel nur die Übermittlung des Ergebnisses der Eignungsuntersuchung und dabei festgestellter Risikofaktoren verlangen (§ 29 Abs. 2 Brandenburgisches DSG; soweit das Gesetz in Satz 2 nur vom „untersuchenden Arzt" spricht, ist in Zusammenhang mit Satz 1 davon auszugehen, daß auch der Psychologe gemeint ist).

In **Bremen** ist das Erheben psychologischer Daten zum Zwecke der Eingehung eines Dienst- oder Arbeitsverhältnisses nur zulässig, soweit dies wegen der besonderen Anforderungen an die vorgesehene Tätigkeit erforderlich ist, vorhandene Unterlagen zur Beurteilung nicht ausreichen und der Bewerber seine Einwilligung hierzu erklärt hat. Daten im Zusammenhang mit psychologischen Untersuchungen dürfen nur auf Grund von Untersuchungen durch einen Psychologen mit staatlich anerkannter wissenschaftlicher Abschlußprüfung erhoben werden. Die öffentliche Stelle darf nur das Ergebnis der psychologischen Untersuchung anfordern (§ 22 Abs. 4 Bremisches Datenschutzgesetz).

In **Hamburg** dürfen bei psychologischen Untersuchungen und Tests zur Eingehung eines Beschäftigungsverhältnisses an die Einstellungsbehörde in der Regel nur das Ergebnis und festgestellte Risikofaktoren übermittelt werden. Eine Weiterverarbeitung der sonstigen bei den Tests erhobenen Daten ist nur mit Einwilligung des Bewerbers zulässig (§ 28 Abs. 4 Hamburgisches DSG).

In **Mecklenburg-Vorpommern** dürfen psychologische Daten zur Eingehung eines Dienst- oder Arbeitsverhältnisses nur erhoben werden, soweit dies wegen der besonderen Anforderungen an die vorgesehene Tätigkeit erforderlich ist und der Bewerber hierzu seine Einwilligung erteilt hat. Der Dienstherr darf in der Regel nur das Ergebnis der Untersuchungen anfordern (§ 31 Abs. 4 DSG Mecklenburg-Vorpommern).

In **Niedersachsen** bedarf die Weiterverarbeitung der bei psychologischen Tests erhobenen Daten der schriftlichen Einwilligung des Bewerbers. Die Einstellungsbehörde darf grundsätzlich nur das Ergebnis der Eignungsuntersuchung und der dabei festgestellten Risikofaktoren anfordern. Fordert sie die Übermittlung weiterer personenbezogener Daten an, so hat sie die Gründe hierfür aufzuzeichnen und den Bewerber davon zu unterrichten (§ 24 Abs. 2 Niedersächsisches DSG).

In **Nordrhein-Westfalen** darf die Einstellungsbehörde bei ärztlichen Untersuchungen vom untersuchenden Arzt in der Regel nur die Übermittlung des Ergebnisses der Eignungsuntersuchung und dabei festgestellter Risikofaktoren verlangen (§ 29

Abs. 2 Satz 2 DSG Nordrhein-Westfalen). Obwohl die Auswertung psychologischer Tests im Gesetz nicht geregelt ist, ist nach dem inhaltlichen Zusammenhang von § 29 Abs. 2 DSG Nordrhein-Westfalen davon auszugehen, daß die Einstellungsbehörde auch bei psychologischen Tests in der Regel nur die Ergebnisse bzw. Erkenntnisse über besondere Risikofaktoren anfordern darf.

Im **Saarland** (§ 29 Abs. 2 Saarländisches DSG) gilt die gleiche Regelung wie in Nordrhein-Westfalen.

In **Sachsen-Anhalt** darf die Einstellungsbehörde vom untersuchenden Psychologen in der Regel nur die Übermittlung des Ergebnisses der Eignungsuntersuchung und dabei festgestellter Risikofaktoren verlangen. Eine weitere Verarbeitung oder Nutzung der bei der psychologischen Untersuchung gewonnenen Daten ist nur mit schriftlicher Einwilligung des Bewerbers zulässig (§ 28 Abs. 2 DSG-LSA).

VII. Mitbestimmung des Betriebsrats bei der Verwendung von Tests

Normalerweise ist ein Arbeitnehmer selbst nicht dazu in der Lage, die Zulässigkeit eines psychologischen Meßverfahrens zu beurteilen. Trotzdem wird er meist in den Test einwilligen, um seine Chancen im Betrieb zu wahren, besonders natürlich, wenn er sich um Neueinstellung beim Arbeitgeber bewirbt. Folglich besteht ein Bedürfnis nach zusätzlicher präventiver Kontrolle, wenn der Arbeitgeber psychologische Tests verwenden will.

Betriebliche Kontrolle zugunsten der Arbeitnehmer ist Aufgabe des Betriebsrats. Er nimmt diese Aufgabe in Form von Informationsrechten und Ausübung der Mitbestimmung nach dem Betriebsverfassungsgesetz wahr. Mitbestimmung des Betriebsrats bei der Anwendung psychologischer Testverfahren hätte den Zweck, die Tests auf das rechtlich zulässige Maß (siehe oben VI.) zu beschränken und damit den Arbeitnehmer vor Verletzungen seines Persönlichkeitsrechts zu schützen. Eine ausdrückliche Anordnung der Mitbestimmung über psychologische Testverfahren fehlt im Betriebsverfassungsgesetz. Es gibt aber bestimmte Regelungen, die einen gewissen Zusammenhang mit Testverfahren herstellen könnten. So hat der Betriebsrat bei der Einführung bzw. Änderung von Personalfragebogen und allgemeinen Beurteilungsgrundsätzen (§ 94 BetrVG) mitzubestimmen, daneben über Richtlinien für die Personalauswahl (Auswahlrichtlinien, § 95 BetrVG). Für die Frage der Mitbestimmung bei der Verwendung von psychologischen Tests kommt es also darauf an, ob solche Tests als Personalfragebogen, allgemeine Beurteilungsgrundsätze oder Auswahlrichtlinien anzusehen sind.

1. Test als Personalfragebogen gemäß § 94 Abs. 1 BetrVG

In § 94 BetrVG wird der Begriff des Personalfragebogens nicht näher erläutert, psychologische Tests sind im Gesetzestext nicht erwähnt. Daher muß geklärt werden, ob psychologische Tests als Personalfragebogen einzuordnen sind.

Allgemein versteht man unter einem Personalfragebogen die formularmäßige Zusammenfassung von Fragen des Arbeitgebers über Kenntnisse, Fähigkeiten und persönliche Verhältnisse des Arbeitnehmers. Dabei spielt es keine Rolle, ob mit dem befragten Arbeitnehmer ein Arbeitsverhältnis erst begründet werden soll (Einstellungsfragebogen) oder schon besteht.

Ein wesentliches Merkmal des Personalfragebogens ist die Schriftlichkeit. Dabei ist es ohne Belang, ob der Arbeitnehmer den Fragebogen selbst ausfüllt oder der Arbeitgeber mündlich vorformulierte Fragen an den Arbeitnehmer stellt und dann die Antworten auf dem Fragebogen notiert. Umgekehrt sind mündliche Gespräche, etwa Einstellungsgespräche, nicht als Personalfragebogen anzusehen, mit der Folge, daß eine Mitbestimmung des Betriebsrats entfällt. Ebenfalls mitbestimmungsfrei sind demnach mündliche psychologische Tests, Streßinterviews und Assessment-Centers.

Regelmäßig bestehen psychologische Testverfahren aber aus Aufgabenblättern, die von der Testperson schriftlich zu bearbeiten sind. Nach ihrem äußeren Erscheinungsbild entsprechen solche psychologischen Tests also dem Personalfragebogen. Nur für diese Tests stellt sich die Frage, ob sie wie Personalfragebogen zu behandeln sind und demzufolge der Mitbestimmung des Betriebsrats unterliegen oder nicht.

Wählt der Arbeitgeber den Titel „Psychologischer Test" für einen Fragebogen, dessen Inhalt nicht über die üblichen Fragen eines Personalfragebogens hinausreicht, so handelt es sich nicht um einen echten psychologischen Test, sondern nur um einen phantasievoll gestalteten Personalfragebogen. In diesem Fall besteht also das Mitbestimmungsrecht des Betriebsrats nach § 94 Abs. 1 BetrVG.

Typischerweise sollen mit dem psychologischen Test aber Erkenntnisse gewonnen werden, die über den Aussagegehalt eines Personalfragebogens hinausgehen, z. B. eine wissenschaftlich gesicherte Antwort auf die Frage „Wie streßstabil sind Sie?". Nur ein Berufspsychologe kann die einzelnen Aufgaben für diesen „echten" psychologischen Test zusammenstellen — für den Laien sind sie nicht ohne weiteres nachvollziehbar. Daher ist bei der Einordnung des psychologischen Tests als Informationsquelle zweifelhaft, ob er als Personalfragebogen des Arbeitgebers i. S. v. § 94 Abs. 1 BetrVG zu verstehen ist. Diese Frage läßt sich erst klären, wenn man verschiedene Vorgehensweisen bei der Durchführung des Tests danach unterscheidet, in welchem Maße der Arbeitgeber dabei zusätzliche Informationen gewinnt.

Für die Durchführung des Tests im Betrieb sind zwei Formen denkbar: Entweder besorgt sich der Arbeitgeber die Testmaterialien und führt den Test selbst durch, oder er beauftragt damit einen Berufspsychologen. Im Hinblick auf die Mitbestimmung sind die beiden Formen getrennt zu betrachten:

Wenn der Arbeitgeber den Test in eigener Regie veranstaltet, kennt er das gesamte Testmaterial. Die einzelnen Aufgaben legt er persönlich dem Arbeitnehmer vor — genau wie einen Personalfragebogen. Unabhängig von der Auswertung des Tests kann der Arbeitgeber die Beantwortung aller einzelnen Testfragen bei seiner Beurteilung des Arbeitnehmers miteinbeziehen. Entsprechend besteht in diesem Fall das gleiche Schutzbedürfnis zugunsten des Arbeitnehmers wie bei der Verwendung eines Personalfragebogens. Folglich hat der Betriebsrat hier nach § 94 Abs. 1 BetrVG über das gesamte Testverfahren mitzubestimmen.

Führt dagegen der Psychologe persönlich den Test durch, ohne daß der Arbeitgeber vom Inhalt des Tests Kenntnis erlangt, so ändert sich die Lage insofern, als nun der Psychologe dem Arbeitnehmer als Aufgabensteller gegenübertritt.

Was die Art und Weise der Erkenntnisgewinnung, also die Test-antworten im einzelnen betrifft, unterliegt ein Berufspsycho-loge — genau wie jeder Arzt — der Schweigepflicht nach § 203 Strafgesetzbuch: „Wer unbefugt ein fremdes Geheimnis, na-mentlich ein zum persönlichen Lebensbereich gehörendes Ge-heimnis offenbart, das ihm als … Berufspsychologen mit staat-lich anerkannter wissenschaftlicher Abschlußprüfung anver-traut worden oder sonst bekanntgeworden ist, wird mit Frei-heitsstrafe bis zu einem Jahr oder mit Geldstrafe bestraft". Diese Schweigepflicht gilt auch gegenüber dem Arbeitgeber. Die Gefahr von unzulässigen Einblicken seitens des Arbeitge-bers in die Persönlichkeitssphäre des Arbeitnehmers besteht hier also nicht. Das hat zur Konsequenz, daß in diesem Fall Testmethode und die verwendeten Testmaterialien nicht mitbe-stimmungspflichtig nach § 94 Abs. 1 BetrVG sind.

Die Tests stehen dem Arbeitgeber als Ergebnisse in Form von psychologischen Gutachten zur Verfügung, ähnlich wie die Ant-worten eines Personalfragebogens. Es besteht folglich nur im Hinblick auf die Testziele, nicht aber Inhalt und Methode des psychologischen Tests das Bedürfnis, den Arbeitnehmer vor un-zulässigen Einblicken in seine Persönlichkeit zu schützen. So-weit die Testresultate nach verschiedenen Ergebniskriterien auf-geschlüsselt sind (z.B. Intelligenzanpassung, Umstellungsbe-reitschaft…), unterliegt die Auswahl dieser Kriterien der Mitbe-stimmung des Betriebsrats nach § 94 Abs. 1 BetrVG. Mitbestim-mungspflichtig ist hier also die Frage, welche psychologischen Merkmale überhaupt mit dem Test untersucht werden sollen.

2. Tests als allgemeine Beurteilungsgrundsätze gemäß § 94 Abs. 2 BetrVG

Wenn der Arbeitgeber allgemeine Beurteilungsgrundsätze auf-stellen will, bedarf dies der Mitbestimmung des Betriebsrats nach § 94 Abs. 2 BetrVG. Mangels ausdrücklicher gesetzlicher

Regelung ist die Frage, ob dazu auch die Einführung psychologischer Tests gehört, anhand allgemein anerkannter Definitionen von Beurteilungsgrundsätzen zu klären: Beurteilungsgrundsätze sind Grundprinzipien und feste Regeln, von denen sich der Arbeitgeber bei seiner Personalbeurteilung leiten läßt. Dabei ist unter Beurteilung die Einschätzung, das heißt eine wertende Betrachtung gegebener Tatsachen zu verstehen, z. B. hinsichtlich Fleiß, Arbeitssorgfalt etc. Aufgestellt werden solche Grundsätze, indem der Arbeitgeber sie schriftlich niederlegt, was auch in Form eines Computerprogramms möglich ist.

Psychologische Testverfahren kommen als Beurteilungsgrundsätze nur in Frage, wenn sie Grundprinzipien des Beurteilungsprozesses bilden und nicht nur als Hilfsmittel zur Informationsgewinnung herangezogen werden. Insofern ist hier zwischen projektiven Tests (siehe dazu oben II. 3.) und psychometrischen Tests zu unterscheiden.

Projektive Tests führen mangels Messung allein zu einer Beurteilung. Dabei sind die Grundprinzipien der Beurteilung durch das projektive Testverfahren vorgegeben. Mit der Einführung eines solchen Testverfahrens stellt der Arbeitgeber also allgemeine Beurteilungsgrundsätze auf, so daß der Betriebsrat nach § 94 Abs. 2 BetrVG mitzubestimmen hat.

Demgegenüber führt ein psychometrisches Testverfahren zu einem Meßergebnis, also zu einer Tatsachenfeststellung und nicht zu einer wertenden Beurteilung. Ein Meßergebnis, etwa „Abiturnote 2,5", „Körpergröße 1,90 m", macht noch keine Aussage darüber, ob der Arbeitgeber den Arbeitnehmer günstig beurteilen wird oder nicht. Dafür kommt es auf den Beurteilungsmaßstab an: Eine Körpergröße von 1,90 m beispielsweise kann für die Bewerbung als Gabelstaplerfahrer ungünstig, für den Posten eines Vollzugsbeamten höchst willkommen sein. Dasselbe gilt für Meßergebnisse psychologischer Tests (z. B. „Leistungsmotivation: 70 Punkte"). Erst der Vergleich der fest-

gestellten Eignungsmerkmale eines Bewerbers mit den Anforderungskriterien der zu besetzenden Stelle kann ergeben, ob
der Kandidat für den konkreten Arbeitsplatz geeignet ist. Die
Anforderungsprofile selbst dienen allein dazu, für bestimmte
Arbeitsplätze festzulegen, welche Anforderungen fachlicher,
persönlicher oder sonstiger Art ein potentieller Stelleninhaber
erfüllen muß. Sie treffen damit lediglich arbeitsplatzbezogene
analytische Tatsachenfeststellungen und unterliegen folglich
nicht der Mitbestimmung des Betriebsrats gemäß § 94 Abs. 2
BetrVG. Da nun weder das gemessene Eignungsprofil des Bewerbers noch das arbeitsplatzgezogene Anforderungsprofil als
Beurteilungsgrundsatz anzusehen ist, besteht auch für den
wertneutralen Vergleich dieser Werte – mangels eines Beurtei-
lungsvorgangs – kein Mitbestimmungsrecht des Betriebsrats
nach § 94 Abs. 2 BetrVG.

Der Mitbestimmung des Betriebsrats gemäß § 94 Abs. 2
BetrVG unterliegt also nur die Verwendung projektiver psychologischer Tests.

3. Test als Auswahlrichtlinie gemäß § 95 Abs. 1 BetrVG

Mit der Einführung eines psychologischen Testverfahrens re-
gelt der Arbeitgeber nicht unmittelbar die Personalauswahl. Daher ist die Frage zu klären, inwieweit die Testeinführung als
Richtlinie über die Personalauswahl anzusehen ist, mit der
Folge, daß der Betriebsrat nach § 95 Abs. 1 BetrVG mitzubestimmen hat. Psychologische Tests sind auch in § 95 BetrVG
nicht ausdrücklich erwähnt. Allgemein versteht man unter Auswahlrichtlinien Regelungen, die der Arbeitgeber seiner personellen Auswahlentscheidung zugrunde legt und die inhaltlich
die fachlichen und persönlichen Voraussetzungen sowie die sozialen Gesichtspunkte enthalten, die für die personelle Auswahl
bei Einstellungen, Versetzungen, Umgruppierungen und Kündigungen maßgebend sein sollen.

Denkbare Auswahlkriterien hinsichtlich der persönlichen Voraussetzungen können auch psychische Eigenschaften des Arbeitnehmers sein. In einer Auswahlrichtlinie kann der Arbeitgeber also festlegen, daß für Personalentscheidungen auch die Ergebnisse von psychologischen Testverfahren maßgebend sein sollen, z. B.: „Eingestellt wird ein Bewerber, wenn er in allen Bereichen des psychologischen Tests mindestens 50 Wertungspunkte erreicht." Über die Auswahlrichtlinie hat der Betriebsrat nach § 95 BetrVG mitzubestimmen. Hinsichtlich des psychologischen Tests beschränkt sich die Mitbestimmung jedoch auf die Ergebniskriterien (z. B. „Streßstabilität", „Einsatzfreude"), soweit sie in der Auswahlrichtlinie genannt sind. Das Testverfahren selbst bleibt mitbestimmungsfrei, die Mitbestimmung des Betriebsrats reicht also genausoweit wie im Fall des § 94 Abs. 1 BetrVG, wenn der Psychologe den Test durchführt. Mit der bloßen Einführung von psychologischen Tests stellt der Arbeitgeber nicht zugleich eine Auswahlrichtlinie auf. Das Mitbestimmungsrecht nach § 95 BetrVG besteht nur, wenn der Arbeitgeber ausdrücklich eine Richtlinie über die Personalauswahl erläßt.

4. Test als Bildungsmaßnahme gemäß § 98 BetrVG

Psychologische Tests unterliegen der Mitbestimmung des Betriebsrats nach § 98 BetrVG nur, wenn sie als betriebliche Bildungsmaßnahmen anzusehen sind. Zwar sammelt jeder Arbeitnehmer, der an einem psychologischen Test teilnimmt, zusätzliche Lebenserfahrung, aber als Bildungsmaßnahme i. S. d. § 98 BetrVG ist nur die didaktisch gestaltete Vermittlung von Kenntnissen und Fertigkeiten anzusehen, wobei ein bestimmtes Lernergebnis angestrebt wird.

Nach diesen Gesichtspunkten betrachtet kommen die meisten psychologischen Tests nicht als Bildungsmaßnahmen in Betracht, da sie allein das Ziel verfolgen, dem Arbeitgeber zusätzliche Informationen zu verschaffen. Getestet wird der psychische Ist-Zustand, ein Lerneffekt ist nicht beabsichtigt, auch nicht in dem Sinne, daß der Proband in Zukunft bei psychologischen Tests bessere Ergebnisse erzielt — bei wissenschaftlichen Meßverfahren ist dies wegen ihrer Reliabilität (Wiederholbarkeit) sogar ausgeschlossen.

Eine Sonderstellung nimmt möglicherweise das Assessment-Center als besonderes Testverfahren (siehe dazu oben III. 5.) ein: Durch die systematische Praxissimulation im Rahmen einer Bewerbergruppe erscheint dem einzelnen Kandidaten das Assessment-Center als besonders transparent. Wohl aus diesem Grund wird allgemein angenommen, daß die Teilnehmer eines Assessment-Centers viel dabei lernen, insbesondere ihre persönlichen Stärken und Schwächen kennenlernen. Dies kann aber nicht darüber hinwegtäuschen, daß auch das Assessment-Center allein als Entscheidungshilfe für den Arbeitgeber konzipiert ist. Die persönlichen Erfahrungen der Teilnehmer ergeben sich dagegen nur als Nebenprodukt dieses Tests. Also scheidet auch das Assessment-Center als betriebliche Bildungsmaßnahme aus.

Als Ergebnis bleibt festzuhalten, daß psychologische Tests nicht etwa als Fortbildungskurse in Arbeitspsychologie gelten können, sondern mangels didaktischer Ausrichtung keine Bildungsmaßnahmen sind. Der Betriebsrat hat bei der Durchführung psychologischer Tests folglich keine Mitbestimmungsrechte nach § 98 BetrVG.

5. Durchführung der Mitbestimmung

Soweit also Mitbestimmungsrechte des Betriebsrats für die Einführung von Tests bestehen, hat der Arbeitgeber die Neuregelung dem Betriebsrat zur Zustimmung vorzulegen. Wenn der Arbeitgeber keine Neuregelung wünscht oder bereits eingeführte Tests lediglich wieder abschaffen will, besteht kein Mitbestimmungsrecht. In diesen Fällen kann der Betriebsrat nicht aus eigenem Antrieb erzwingen, daß Personalfragebogen, allgemeine Beurteilungsgrundsätze und Auswahlrichtlinien in Form von psychologischen Tests eingeführt oder geändert werden. Dem Betriebsrat fehlt dazu das „Initiativrecht". Er kann dem Arbeitgeber nur Vorschläge machen und die Einführung geeigneter Regelungen beantragen (§ 80 Abs. 1 Nr. 2 BetrVG).

Lediglich in Großbetrieben mit über 1.000 Arbeitnehmern könnte der Betriebsrat nach § 95 Abs. 2 BetrVG die Aufstellung von Auswahlrichtlinien in Form von psychologischen Tests erzwingen. Wenn der Betriebsrat die vom Arbeitgeber vorgeschlagene Regelung für angemessen hält, wird er seine Zustimmung geben. Dies geschieht in Form einer Betriebsvereinbarung zwischen dem Betriebsrat und dem Arbeitgeber (§ 77 BetrVG). Arbeitgeber und Betriebsrat sind an die Betriebsvereinbarung gebunden, solange sie nicht von einer Seite gekündigt wird (§ 77 Abs. 5 BetrVG).

Im Interesse der Arbeitnehmer darf der Betriebsrat seine Zustimmung nur erteilen, wenn der psychologische Test den einzelnen Arbeitnehmer nicht in seinem Persönlichkeitsrecht verletzt, also zulässig ist (siehe dazu oben VI.). Sollte der Betriebsrat einem unzulässigen psychologischen Test zustimmen, so beseitigt dies nicht die Persönlichkeitsverletzung beim Arbeitnehmer. In diesem Fall verfehlt die Mitbestimmung des Betriebsrats ihren Zweck, die Arbeitnehmer vor unzulässigen Tests zu schützen. Die Billigung des Tests durch den Betriebsrat ersetzt aber nicht die Einwilligung des einzelnen Arbeitnehmers (s. o. VI. 1. b) — der individuelle Persönlichkeitsschutz bleibt in jedem Fall erhalten. Um die Frage der Zulässigkeit eines psychologischen Tests richtig beurteilen zu können, kann der Betriebsrat neben den Informationen des Arbeitgebers (§ 80 Abs. 2 BetrVG) auch das Gutachten eines Sachverständigen einholen (§ 80 Abs. 3 BetrVG), und zwar auf Kosten des Arbeitgebers, sofern die Einholung des Gutachtens zur Klärung der Frage erforderlich und angemessen ist.

Verweigert der Betriebsrat seine Zustimmung, so darf die geplante Regelung zunächst nicht eingeführt werden. Die fehlende Einigung zwischen Arbeitgeber und Betriebsrat kann aber durch eine Entscheidung der betrieblichen Einigungsstelle (§§ 76, 76a BetrVG) ersetzt werden. In den Fällen des § 94 Abs. 1 BetrVG (Personalfragebogen), § 94 Abs. 2 BetrVG (allgemeine Beurteilungsgrundsätze) und § 95 Abs. 2 BetrVG (Auswahlrichtlinien in Betrieben mit mehr als 1.000 Arbeitnehmern) können sowohl Arbeitgeber als auch Betriebsrat die Einigungsstelle anrufen, im Fall der Auswahlrichtlinien für Betriebe mit bis zu 1.000 Arbeitnehmern (§ 95 Abs. 1 BetrVG) ist allein der Arbeitgeber antragsberechtigt. Die Entscheidung der Einigungsstelle, im Gesetz als „Spruch" bezeichnet, ersetzt nach §§ 94, 95 BetrVG die Einigung zwischen Arbeitgeber und Betriebsrat und hat damit die Rechtswirkung einer Betriebsvereinbarung; sie gilt also unmittelbar und zwingend für alle Beteiligten im Betrieb (§ 77 Abs. 4 BetrVG). Beide Seiten können gegen den Spruch der Einigungsstelle das Arbeitsgericht anrufen, um die Rechtswirksamkeit der getroffenen Entscheidung überprüfen zu lassen.

6. Folgen fehlender Mitbestimmung

Im Rahmen der §§ 94, 95 BetrVG ist die Zustimmung des Betriebsrats erforderlich, fehlende Mitbestimmung bedeutet also hier ein Fehlen der Zustimmung des Betriebsrats zum Vorhaben des Arbeitgebers, ohne daß bereits die Einigungsstelle im Sinne des Arbeitgebers entschieden hat. Für das Fehlen der Zustimmung des Betriebsrats sind mehrere Ursachen denkbar, sei es daß der Betriebsrat vom Arbeitgeber über die Neuregelung nicht informiert wurde (entgegen § 80 Abs. 2 BetrVG) oder daß er seine Zustimmung bewußt verweigert hat und ein Verfahren vor der Einigungsstelle nicht in Gang gesetzt ist oder (noch) nicht zum Abschluß im Sinne des Arbeitgebers kam. Solange die Zustimmung des Betriebsrats fehlt, darf der Arbeitgeber die Personalfragebogen, Beurteilungsgrundsätze oder Auswahlrichtlinien nicht verwenden. Sie sind dem Arbeitnehmer gegenüber unwirksam. Wenn der Arbeitgeber diesem Verbot zuwiderhandelt, kann darin ein grober Verstoß gegen seine gesetzlichen Verpflichtungen liegen. In einem solchen Fall ist der Betriebsrat oder eine im Betrieb vertretene Gewerkschaft berechtigt, ein gerichtliches Zwangsverfahren nach § 23 Abs. 3 BetrVG in Gang zu setzen. Daneben kommt zur vorläufigen Untersagung der Testdurchführung ein Antrag auf Erlaß einer entsprechenden einstweiligen Verfügung gem. § 935 ZPO in Betracht.

Für den einzelnen Arbeitnehmer ist interessant, ob er aus der Verletzung des Mitbestimmungsrechts des Betriebsrats eigene Rechte herleiten kann, insbesondere einen Anspruch auf Einstellung, wenn er im Einstellungsverfahren übergangen wurde.

Durch die Nichtbeachtung der Mitbestimmung verletzt der Arbeitgeber lediglich eine betriebsverfassungsrechtliche Rechtspflicht, nicht aber seine Pflichten gegenüber dem Arbeitnehmer aus dem Arbeitsvertrag bzw. aus dem Anbahnungsverhältnis. Daher besteht aufgrund fehlender Mitbestimmung kein Einstellungsanspruch. Umgekehrt wird durch das Fehlen der Mitbestimmung die Wirksamkeit des mit einem der Bewerber abgeschlossenen Arbeitsvertrages nicht berührt. Ein Einstellungsanspruch des übergangenen Bewerbers kommt lediglich ausnahmsweise in Betracht, wenn ihn der Arbeitgeber durch sein Vorgehen vorsätzlich in sittenwidriger Weise schädigen wollte (Kontrahierungszwang aus § 826 BGB).

Weiterhin ist zu überlegen, ob dem Arbeitnehmer wegen der fehlenden Mitbestimmung gegen den Arbeitgeber ein Anspruch auf Schadensersatz zusteht. Die Mitbestimmungsrechte dienen dem Schutz der Arbeitnehmer, Betriebsrat und Arbeitgeber kommen bei der Durchführung der Mitbestimmung also arbeitnehmerbezogenen Pflichten nach. Folglich begründet die Nichtbeachtung der Mitbestimmung durch den Arbeitgeber einen Schadensersatzanspruch des Arbeitnehmers. Als Schaden kann der Arbeitnehmer in der Regel aber nur die Bewerbungskosten geltend machen. Ein weiterreichender Schadensersatzanspruch gegen den Arbeitgeber kommt nur in Betracht, wenn der Arbeitnehmer durch den Test zugleich in seinem Persönlichkeitsrecht verletzt ist.

Im übrigen hat der Arbeitnehmer einen Anspruch auf Löschung der im Test gewonnen Daten bzw. auf Entfernung der Beurteilung aus den Personalakten.

Erfährt der Arbeitnehmer schon vor seiner Teilnahme am Testverfahren, daß der Test mitbestimmungswidrig eingeführt wurde, kann er sich auf die Unwirksamkeit der Testeinführung berufen und seine Mitwirkung verweigern. Mit der Weigerung, am Test teilzunehmen, verliert der Arbeitnehmer allerdings jegliche Chance, weiter am Bewerbungsverfahren beteiligt zu werden. Daher erhebt sich die Frage, ob der Arbeitnehmer anstelle dieser unpraktikablen Lösung auch die Möglichkeit hat, ein ordnungsgemäßes Mitbestimmungsverfahren des Betriebsrats durchzusetzen. Dazu müßte der einzelne Arbeitnehmer gegen den Arbeitgeber einen Anspruch auf Durchführung der Mitbestimmung haben. Ein solcher Rechtsanspruch ergibt sich aus der arbeitsvertraglichen Fürsorgepflicht, konkretisiert durch § 75 BetrVG: „Arbeitgeber und Betriebsrat haben darüber zu wachen, daß alle im Betrieb tätigen Personen nach Grundsätzen von Recht und Billigkeit behandelt werden." Aus der Fürsorgepflicht des Arbeitgebers können allerdings nur die bereits eingestellten Arbeitnehmer Rechte herleiten, ein unternehmensfremder Bewerber genießt diesen Schutz nicht.

Für diesen externen Bewerber ist es daher von Bedeutung, ob er sich beim Arbeitgeber wenigstens nach der Durchführung der Mitbestimmung erkundigen darf. Bereits vor Vertragsschluß besteht zwischen Bewerber und Arbeitgeber ein Vertrauensverhältnis mit beiderseitigen Schutz- und Aufklärungspflichten. Da der Persönlichkeitsschutz des Bewerbers Funktion der Mitbestimmung ist, hat der Arbeitgeber ihm darüber wahrheitsgemäß Auskunft zu erteilen. In der Praxis dürfte dies unproblematisch sein, schließlich kann sich der Bewerber auch direkt beim Betriebsrat nach der Durchführung der Mitbestimmung erkundigen.

7. Wie läßt sich ein Test ohne Mitbestimmung des Betriebsrats durchführen?

Das Mitbestimmungsverfahren bedeutet für den Arbeitgeber einen erheblichen organisatorischen Aufwand und birgt in sich das Risiko, letztlich doch auf den geplanten Test verzichten zu müssen. Um so mehr wird er nach Möglichkeiten suchen, psychologische Tests auch ohne die Mitbestimmung des Betriebsrats durchführen zu dürfen.

Mitbestimmungsfrei ist ein Test dann, wenn er nicht nach §§ 94 Abs. 1, 94 Abs. 2 oder 95 BetrVG der Mitbestimmung unterliegt: Ohne Zustimmung des Betriebsrats darf der Arbeitgeber also mündliche psychologische Tests verwenden, allerdings nur in Einzelfällen und nicht als Teil eines allgemeinen Einstellungsverfahrens. Mitbestimmungsfrei kann der Arbeitgeber demnach einzelne Bewerber einem mündlichen psychologischen Test unterziehen, etwa durch ein Einstellungsgespräch mit einem Psychologen, ein Streß-Interview oder andere mündliche Testverfahren. Mündliche Assessment-Centers scheiden dagegen aus, weil mit ihnen eine Vielzahl von Bewerbern getestet werden soll.

Der Wert psychologischer Tests liegt für den Arbeitgeber üblicherweise in der Vielzahl vergleichbarer Testergebnisse, vereinzelte mitbestimmungsfreie Tests sind für ihn nur ausnahmsweise von Interesse.

8. Schaubild: Die Mitbestimmung des Betriebsrats

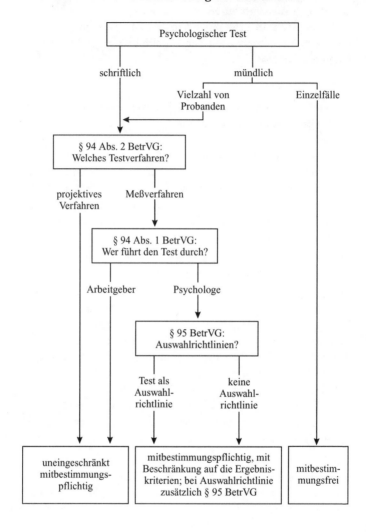

Psychologischer Test

schriftlich   mündlich

Vielzahl von   Einzelfälle
Probanden

§ 94 Abs. 2 BetrVG:
Welches Testverfahren?

projektives   Meßverfahren
Verfahren

§ 94 Abs. 1 BetrVG:
Wer führt den Test durch?

Arbeitgeber   Psychologe

§ 95 BetrVG:
Auswahlrichtlinien?

Test als   keine
Auswahl-   Auswahlrichtlinie   richtlinie

uneingeschränkt   mitbestimmungspflichtig, mit   mitbestim-
mitbestimmungs-   Beschränkung auf die Ergebnis-   mungsfrei
pflichtig   kriterien; bei Auswahlrichtlinie
          zusätzlich § 95 BetrVG

VIII. Von der Annonce bis zur Einstellung

1. Stellenanzeige und Hinweis auf psychologische Tests

Psychologische Tests werden — wie die übrigen Einzelheiten des Auswahlverfahrens — in Annoncen üblicherweise nicht erwähnt. Diese Praxis ist unter rechtlichen Gesichtspunkten nicht zu beanstanden, denn Ziel einer Annonce ist zunächst die Kontaktaufnahme mit interessierten Stellenbewerbern. In diesem Frühstadium der Anbahnung eines Arbeitsverhältnisses kann im Gegensatz zur Einladung zum Vorstellungsgespräch (s. u. 3. a) vom Arbeitgeber nach dem Grundsatz von Treu und Glauben (§ 242 BGB) nicht erwartet werden, daß er auf geplante psychologische Tests hinweist. Bewerber, die einen psychologischen Test ablehnen und daher im weiteren Verlauf des Auswahlverfahrens ihre Bewerbung zurückziehen, haben keinen Anspruch aus culpa in contrahendo auf Ersatz für unnütze Aufwendungen für ihre Bewerbung (z. B. in Form von Telefon- oder Portokosten), zu der sie sich im Vertrauen auf ein „testfreies" Auswahlverfahren entschlossen haben.

Soweit der Arbeitgeber potentielle Bewerber in der Annonce auffordert, einen handschriftlichen Lebenslauf beizulegen, beinhaltet das noch nicht die Ankündigung einer graphologischen Begutachtung, so daß ein Bewerber nicht bereits darin einwilligt, indem er ein handschriftliches Schriftstück vorlegt (s. dazu näher unter 2. b).

2. Schriftliche Bewerbung

a) Darf bereits hier eine Bewerberauswahl stattfinden?

Schriftliche Bewerbungsunterlagen ermöglichen dem Arbeitgeber einen Überblick über alle Bewerber. Um das weitere Bewerbungsverfahren zu vereinfachen, wird der Arbeitgeber versuchen, bereits anhand der schriftlichen Bewerbungen eine Gruppe der aussichtsreichsten Bewerber zusammenzustellen. Welcher Auswahlkriterien er sich dabei bedienen darf, hängt davon ab, ob insoweit im Betrieb Auswahlrichtlinien nach § 95 BetrVG bestehen oder nicht. Wenn der Arbeitgeber nicht durch Auswahlrichtlinien gebunden ist, kann er die Bewerbungsunterlagen nach Belieben nutzen, um eine Auswahl zu treffen, z. B. „die ersten zehn Bewerbungen", „alle Bewerber mit Namen von A bis K". Die Chancengleichheit für weibliche und männliche Bewerber nach § 611 a BGB muß dabei gewahrt werden.

b) Auswahl durch Graphologie?

Als Auswahlverfahren wird für schriftliche Bewerbungen, sofern sie handschriftlich einzureichen sind, meist eine graphologische Beurteilung eingesetzt. Wie bereits oben erörtert (s. oben III. 2.) sind graphologische Gutachten wegen ihrer mangelnden Wissenschaftlichkeit grundsätzlich abzulehnen. Allerdings unterstellt das *BAG* in einer Entscheidung aus dem Jahre 1982 (AP Nr. 24 zu § 123 BGB = NJW 1984, S. 446) stillschweigend die Zulässigkeit von graphologischen Begutachtungen, ohne sich um deren zweifelhaften Erkenntniswert zu kümmern. Praktisch bedeutsam ist vor allem die Frage, ob handschriftliche Bewerbungsunterlagen (in der Regel Lebensläufe) ohne weiteres der graphologischen Begutachtung zugeführt werden dürfen. Das wäre nur der Fall, wenn man davon ausgehen darf, daß ein Bewerber mit dem Übersenden eines handschriftlichen Schriftstücks auch zugleich (konkludent) seine Einwilligung in eine graphologische Untersuchung erklären will. Das *BAG* nimmt dies in der erwähnten Entscheidung zu Recht für die Fälle an, in denen der Arbeitgeber unter Hinweis auf die beabsichtigte graphologische Untersuchung die Vorlage eines handschriftlichen Lebenslaufs verlangt. Weist der Arbeitgeber hingegen nicht auf seine Absicht hin, kommt nach zutreffender Ansicht keine konkludente Einwilligung des Bewerbers in Betracht. Denn in diesem Fall kann der bloßen Hingabe des Schriftstücks kein weitergehender Erklärungsinhalt i. S. einer Einwilligung entnommen werden. Keineswegs braucht der Arbeitnehmer davon auszugehen, daß handschriftliche Lebensläufe regelmäßig zu Zwecken der Graphologie angefordert werden.

Wenn der Arbeitgeber auf sonstige Weise, etwa durch Zufall oder im Zuge bereits vorhandener Personalakten, in den Besitz eines handschriftlichen Textes des Bewerbers gekommen ist, scheidet die Annahme eines stillschweigenden Einverständnisses mit einer graphologischen Begutachtung erst recht aus.

3. Einladung zum Vorstellungsgespräch

a) Muß der Bewerber aufgeklärt werden,
daß ihm ein Test bevorsteht?

Ob in der Einladung zum Vorstellungsgespräch auf einen geplanten psychologischen Test hingewiesen werden muß, ist nicht ausdrücklich im Gesetz geregelt und hängt daher davon ab, inwieweit der Arbeitgeber wegen des vorvertraglichen Vertrauensverhältnisses zum Bewerber (cic) dazu verpflichtet ist. Nach den Grundsätzen der culpa in contrahendo muß der Arbeitgeber über alle Umstände aufklären, die so wesentlich sind, daß sie für die Entschließung des Bewerbers von erheblicher Bedeutung sein können, und deren Offenbarung nach Treu und Glauben (§ 242 BGB) erwartet werden kann. Ein psychologischer Test als Bedingung für den Abschluß eines Arbeitsvertrages ist für den Bewerber von wesentlicher Bedeutung, insbesondere im Hinblick auf sein Persönlichkeitsrecht, das ja durch den Test berührt wird. Aus diesem Grund kann ein Hinweis auf den geplanten Test vom Arbeitgeber auch nach Treu und Glauben erwartet werden, denn § 242 BGB ist im Lichte des verfassungsrechtlichen Schutzes der Persönlichkeit in Art. 1 Abs. 1, 2 Abs. 1 des Grundgesetzes auszulegen (sog. mittelbare Drittwirkung der Grundrechte).

Ein schützenswertes Interesse des Arbeitgebers daran, den Bewerber mit einem Testverfahren zu überrumpeln, besteht dagegen nicht. Noch sind psychologische Einstellungstests auch nicht derart üblich geworden, daß ihre Ankündigung schon deshalb überflüssig wäre. Der Arbeitgeber hat also den Bewerber über den bevorstehenden Test aufzuklären. Im Falle eines Verstoßes gegen diese Aufklärungspflicht haftet der Arbeitgeber dem Bewerber aus cic, etwa für nutzlos aufgewendete Fahrtkosten zum Vorstellungsgespräch.

b) *Muß dem Bewerber mitgeteilt werden, um welche Tests es sich handelt?*

Eine Aufklärungspflicht des Arbeitgebers bezüglich der Testverfahren könnte sich mangels besonderer gesetzlicher Regelung auch aus den Grundsätzen der culpa in contrahendo (cic) ergeben. Wie bereits im vorigen Abschnitt erläutert, besteht eine Aufklärungspflicht des Arbeitgebers aus cic nur hinsichtlich wesentlicher Umstände, deren Offenbarung billigerweise erwartet werden kann. Welche Testmethode zur Anwendung kommen soll, ist für den Bewerber üblicherweise nicht von entscheidender Bedeutung, sofern es sich um ein wissenschaftliches Verfahren handelt. Jedenfalls wird man vom Arbeitgeber nicht erwarten können, daß er in der Einladung zum Vorstellungsgespräch Interna seiner Personalverwaltung — hier die Auswahl von psychologischen Tests — bekanntgibt. Aus diesem Grund braucht der Arbeitgeber dem Bewerber nicht mitzuteilen, um welche Tests es sich handelt.

c) *Muß zumindest die Art der zu testenden Merkmale*
   mitgeteilt werden?

Wenn der Arbeitgeber die Bewerber zu einem psychologischen
Test einlädt, steht bereits fest, daß psychische Merkmale getestet werden sollen, und zwar solche, die für den zu besetzenden
Arbeitsplatz von Bedeutung sind. Einzelne Merkmale, die getestet werden sollen, z. B. Leistungsbereitschaft oder Erfolgsorientiertheit, braucht der Arbeitgeber genausowenig mitzuteilen wie etwa seine Fragen im Vorstellungsgespräch. Eine derart
genaue Aufklärung über den bevorstehenden Test ist dem Arbeitgeber nicht zuzumuten. In der Praxis mag sich die Mitteilung der zu testenden Merkmale aber vielleicht günstig auswirken, nämlich um die Angst der Kandidaten vor dem Test abzubauen.

Einzelne Bewerber werden sich insbesondere deswegen nach
den Testmerkmalen erkundigen, um sich auf den bevorstehenden Test vorzubereiten. Ob ihnen daraufhin der Arbeitgeber die
Testmerkmale im voraus bekannt gibt oder nicht, spielt aber bei
einem wissenschaftlichen Testverfahren keine Rolle, weil die
Testergebnisse bei vorbereiteten oder unvorbereiteten Testkandidaten gleich sein werden, insofern also keine Vorbereitung
möglich ist.

4. Durchführung des Tests

a) *Wer darf den Test durchführen?*

In der Regel werden psychologische Tests von Diplompsychologen durchgeführt, deren fachliche Qualifikation meist gewährleistet, daß die Probanden ordnungsgemäß getestet werden. In diesem Fall ergeben sich aus dem Test wissenschaftlich
abgesicherte Ergebnisse. Ein Psychologe kann seinen Beruf
entweder selbständig oder als Mitarbeiter des Arbeitgebers (Betriebspsychologe) ausüben. Auf die Ergebnisse der Tests hat

dies keinen Einfluß. Also sind sowohl Betriebspsychologen als auch selbständige Psychologen zur Durchführung von psychologischen Tests im Betrieb berufen.

Fraglich ist dagegen, ob auch Laien ohne psychologische Vorkenntnisse Tests durchführen dürfen. Eine ausdrückliche Regelung dieser Frage existiert nur im Straßenverkehrsrecht für die Eignungsuntersuchungen von Kraftfahrzeugführern. Nach § 12 StVZO werden Gutachten einer amtlich anerkannten medizinisch-psychologischen Untersuchungsstelle verlangt. In den Fällen von betrieblichen Einstellungstests ist mangels besonderer Regelung darauf abzustellen, ob sie in der Hand von Laien zu den gleichen Ergebnissen führen. Dafür kommen nur solche Testverfahren in Frage, bei deren Anwendung die Gegenwart eines Diplompsychologen entbehrlich ist. Das setzt voraus, daß der Urheber des Tests alle äußeren Bedingungen der Durchführung festgelegt hat und die Testmaterialien so gestaltet hat, daß bei der Anwendung des Tests kein psychologisches Fachwissen erforderlich ist. Derart ausgestaltete Testverfahren, z. B. das Jobfidence-Verfahren, entsprechen den Gütekriterien der Objektivität und liefern auch bei Verwendung durch entsprechend eingewiesene Laien wissenschaftlich abgesicherte Ergebnisse. Solche Tests darf also der Arbeitgeber oder einer seiner Mitarbeiter selbst durchführen. Dann unterliegt allerdings das gesamte Testverfahren der Mitbestimmung des Betriebsrats nach § 94 Abs. 1 BetrVG (siehe oben VII. 1.).

b) Beantwortungspflicht und Manipulation

Jeder Bewerber wird versuchen, sich in einem psychologischen Test so gut darzustellen wie möglich, und zu diesem Zweck möglicherweise einige Fragen anders beantworten, als es seiner eigenen Einstellung entspricht. Fraglich ist, ob dieses Verhalten als „lügen" anzusehen ist, mit der Konsequenz, daß der Arbeitgeber möglicherweise zur Anfechtung des Arbeitsvertrages mit dem Bewerber berechtigt wäre.

Wissenschaftliche Testverfahren berücksichtigen die Neigung der Testkandidaten zu einer verfälschten Selbstdarstellung und sind im Zusammenspiel ihrer Fragen so gestaltet, daß manipulierte Antworten sofort auffallen und bei den betreffenden Bewerbern insgesamt zu einem merkwürdigen und widersprüchlichen Testergebnis führen. Daß sich der Bewerber auf diese Weise zu seinem Nachteil mit dem eigenen Fähigkeitsprofil vom Anforderungsprofil entfernt, wurde bereits oben beschrieben, s. IV. 4. Durch diesen Mechanismus bezieht ein wissenschaftlicher psychologischer Test die Möglichkeit von manipulierten Antworten in sein Konzept ein, er kann also nicht „belogen" werden. Und damit scheidet auch eine arglistige Täuschung des Arbeitgebers durch das Testergebnis aus, ein Anfechtungsgrund nach § 123 BGB fehlt. Ehrlichkeit bei der Bearbeitung der Testaufgaben ist den Bewerbern demnach in ihrem eigenen Interesse zu empfehlen. Realistischerweise kann kein Testkandidat annehmen, daß es ihm gelingt, sein Fähigkeitsprofil zum eigenen Vorteil zu verfälschen, denn dazu müßte er sowohl die Struktur des Tests als auch das Anforderungsprofil des Arbeitsplatzes genau kennen.

Was den Umfang der Beantwortungspflicht betrifft, so kommt eine Pflicht zur Vollständigkeit überhaupt nur in Frage, wenn dem Probanden eine vollständige Lösung der Aufgaben möglich ist. Psychologische Tests enthalten üblicherweise auch Teile, in denen die Belastbarkeit der Kandidaten unter Zeitdruck überprüft werden soll. Sie sind so konzipiert, daß ein Teil der Aufgaben aus Zeitnot ungelöst bleiben wird, eine Pflicht zur Vollständigkeit widerspräche hier bereits der Teststruktur.

Bei den übrigen Aufgaben eines Tests ist eine vollständige Beantwortung möglich und auch vom Aufgabensteller erwünscht. Da ein Test aber immer nur mit der Einwilligung des Bewerbers durchgeführt werden darf (s. o. VI. 1. d), ist auch die Beantwortung einzelner Fragen freiwillig. Eine Pflicht zur Vollständigkeit besteht nicht. Welche Folgen sich aus der Verweigerung für den Bewerber ergeben können, wird im folgenden noch zu erörtern sein.

c) Fehler bei der Durchführung

Im Verlauf des Tests können dem Psychologen und seinen Gehilfen oder dem Arbeitgeber Fehler unterlaufen. Beispielsweise können verkehrte Testbögen verteilt oder Antworten nicht richtig eingetragen werden, oder es werden versehentlich die Bögen mehrerer Probanden vertauscht oder die Testergebnisse falsch zusammengerechnet usw. In allen derartigen Fällen hat der Arbeitnehmer oder Bewerber als Testteilnehmer Anspruch darauf, daß die Fehler korrigiert werden, sei es daß Schreib- oder Übertragungsfehler behoben werden, sei es daß der Test mit den richtigen Wertungsbögen wiederholt wird.

5. Wie ist die Verweigerung des Bewerbers zu beurteilen?

a) Beim Auswahltest insgesamt oder bei einzelnen Tests

Die Teilnahme an psychologischen Tests ist für jeden Bewerber freiwillig, er darf also seine Zustimmung zum Test verweigern. Dies hat zur Folge, daß dem Arbeitgeber ein Teil der Informationen fehlt, die die Grundlage seiner Personalentscheidung bilden sollen. Welche Konsequenzen der Arbeitgeber daraus zieht, hängt vor allem davon ab, ob neben dem „Testverweigerer" noch andere gute Mitbewerber vorhanden sind. Soweit das der Fall ist, wird er den „Testverweigerer" vom weiteren Bewerbungsverfahren ausschließen, ihn also nicht in die engere Auswahl ziehen. Diese Reaktion des Arbeitgebers verstößt auch nicht gegen das Verbot, einen Arbeitnehmer bei einer Maßnahme zu benachteiligen, weil er in zulässiger Weise Rechte ausübt (§ 612 a BGB). Dieses sogenannte Maßregelungsverbot gilt nämlich nur, wenn bereits ein Arbeitsvertrag zustande gekommen ist, aber nicht für das Anbahnungsverhältnis. Der Arbeitgeber ist in seiner Reaktion auf die Verweigerung des Tests allein an die Grundsätze der cic (culpa in contrahendo) gebunden, was hier aber keinerlei Einschränkung bedeutet, da der Arbeitgeber in der Regel zum Zeitpunkt des psychologischen Tests noch bei keinem Bewerber ein Vertrauen auf Einstellung erweckt hat.

Für die Verweigerung von einzelnen Teilen des psychologischen Tests gilt im Prinzip dasselbe, nur wird der Arbeitgeber in solchen Fällen eher geneigt sein, den Bewerber beim weiteren Auswahlverfahren noch zu berücksichtigen.

b) Beim Vorstellungsgespräch

Im Laufe von Vorstellungsgesprächen versucht der Arbeitgeber, sich einen persönlichen Eindruck von den Bewerbern zu verschaffen. Ohne ein gutes persönliches Verhältnis zwischen Arbeitgeber bzw. Vorgesetzten und Arbeitnehmer ist eine gedeihliche Arbeit im Betrieb kaum möglich. Diesen persönlichen Charakter des Arbeitsverhältnisses hat auch der Gesetzgeber als Grundsatz anerkannt (§ 613 BGB). Wenn nun ein Bewerber die Teilnahme am Vorstellungsgespräch verweigert, könnte ihn der Arbeitgeber nur einstellen, ohne irgendeinen persönlichen Eindruck von ihm gewonnen zu haben, er müßte also „die Katze im Sack kaufen". Dies ist dem Arbeitgeber jedoch nicht zuzumuten, er darf statt dessen einen solchen Bewerber ohne weiteres vom Einstellungsverfahren ausschließen.

6. Selbstbindung des Arbeitgebers an das Testergebnis durch selbstgeschaffene Vorgaben

a) In der privaten Wirtschaft

Eine Bindung des Arbeitgebers an die Ergebnisse von psychologischen Tests ist in mehrfacher Hinsicht denkbar, nämlich sowohl im Hinblick auf die Gewichtung des Testergebnisses innerhalb des gesamten Auswahlverfahrens als auch bezogen auf Mindestanforderungen an die einzelnen Testergebnisse. Möglicherweise entwickelt der Arbeitgeber bereits während der Vorbereitung des psychologischen Tests zu diesen Fragen eine bestimmte Vorstellung, z. B.: „Neben Zeugnissen und Vorstellungsgespräch soll der Test ein Drittel zählen." Oder: „Akzeptabel sind nur Bewerber, die in den Testwertungen A/B/C mindestens 50/30/70 Punkte erzielen."

Fraglich ist nun, inwieweit der Arbeitgeber im Verhältnis zu den Bewerbern an derartige selbstgeschaffene Vorgaben gebunden ist, insbesondere ob er aus diesem Grund gehalten ist, bestimmte Bewerber einzustellen oder nicht einzustellen.

Für den Abschluß von Arbeitsverträgen in der privaten Wirtschaft gilt der zivilrechtliche Grundsatz der Vertragsfreiheit (Privatautonomie): Jeder darf seine Vertragspartner frei wählen und kann nicht zum Vertragsschluß gezwungen werden. Ausnahmen von diesem Grundsatz sind selten, im Arbeitsrecht kommt ein Zwang zum Vertragsschluß (Kontrahierungszwang) allenfalls nach § 826 BGB in Betracht, wenn nämlich der Arbeitgeber einen Arbeitnehmer durch Nichtabschluß eines Arbeitsvertrages sittenwidrig vorsätzlich schädigen würde. Dies dürfte jedoch in der Praxis kaum vorkommen. Weitere Grenzen der Privatautonomie ergeben sich aus der Pflicht zur Beschäftigung von Schwerbehinderten (§ 5 SchwbG) und von Inhabern von Bergmannsversorgungsscheinen (nur in Niedersachsen, Nordrhein-Westfalen und im Saarland).

Eine spezielle gesetzliche Bindung des Arbeitgebers an die Testergebnisse ist also nicht ersichtlich; sofern diese Frage nicht Gegenstand eines Tarifvertrags oder einer Betriebsvereinbarung ist, kommt nur eine Selbstbindung des Arbeitgebers an seine eigenen Vorgaben in Betracht.

Eine derartige Bindung an das eigene Vorverhalten kann im Laufe des Vertragsanbahnungsverhältnisses (zwischen Arbeitgeber und Bewerber) nach den Grundsätzen der culpa in contrahendo (cic) bestehen. Das ist der Fall, wenn der Arbeitgeber in zurechenbarer Weise bei einem Bewerber das Vertrauen erweckt hat, bei Erreichen eines bestimmten Testergebnisses eingestellt zu werden (z. B.: „Wenn Sie im Test im Durchschnitt 60 Punkte haben, sind Sie unser Mann"). Üblicherweise wird jedoch der Arbeitgeber vor der Durchführung des Tests und vor dem Vorstellungsgespräch bei keinem Bewerber die Erwartung wecken, er werde die Stelle erhalten. Aus diesem Grund scheidet eine Haftung aus cic im Regelfall aus.

Eine Selbstbindung des Arbeitgebers bei seiner Personalentscheidung kann auch durch eine Auswahlrichtlinie nach § 95 BetrVG entstehen (siehe dazu auch oben VII. 3.). Eine derartige Auswahlrichtlinie müßte einen direkten Zusammenhang zwischen Testergebnis und Einstellung des Bewerbers herstellen, etwa in der folgenden Form: „Eingestellt werden darf nur ein Bewerber, der in allen Abschnitten des psychologischen Tests mindestens 50% der erreichbaren Wertungspunkte erzielt hat." Sofern eine solche Auswahlrichtlinie im Betrieb besteht, ist der Arbeitgeber bei der Einstellung von Arbeitnehmern an sie gebunden. Hält sich der Arbeitgeber nicht an die Auswahlrichtlinie, dann kann der Betriebsrat nach § 99 Abs. 2 Nr. 2 BetrVG seine Zustimmung zu der Einstellung verweigern und eine gerichtliche Klärung des Streits herbeiführen (§§ 99 Abs. 4, 101 BetrVG).

Soweit jedoch der Arbeitgeber keine Vorgaben geschaffen hat, die zu einer Bindung i. S. d. cic oder der Auswahlrichtlinien führen, ist er in seiner Reaktion auf die Testergebnisse nicht gebunden. Er kann also die Bedeutung, die er den einzelnen Testergebnissen zubilligen will, nach eigener freier Überzeugung festlegen.

b) Im öffentlichen Dienst (Art. 33 Abs. 2 GG)

Die Arbeitgeber der Beamten, Angestellten und Arbeiter des öffentlichen Dienstes genießen bei ihren Personalentscheidungen nicht die Freiheit der Privatautonomie, sondern sind an die besonderen Vorschriften des öffentlichen Rechts gebunden. Für den Zugang zum öffentlichen Dienst gilt der Grundsatz des Art. 33 Abs. 2 GG: „Jeder Deutsche hat nach seiner Eignung, Befähigung und fachlichen Leistung gleichen Zugang zu jedem öffentlichen Amte." (ebenso § 7 BRRG, § 8 Abs. 1 BBG und die entsprechenden Regelungen der Landesbeamtengesetze). Andere Kriterien als Eignung, Befähigung und fachliche Leistung dürfen bei der Personalauswahl für den öffentlichen Dienst nicht berücksichtigt werden, wie etwa Religionszugehörigkeit, Geschlecht oder Abstammung.

Unter die Begriffe Eignung und Befähigung fallen auch psychische Merkmale, insofern bilden die Ergebnisse psychologischer Tests einen Teil der Informationen, die bei der Bewerberauswahl einzubeziehen sind. Der Dienstherr hat die Auswahl unter mehreren Bewerbern nach pflichtgemäßem Ermessen zu treffen. Dazu gehört auch, daß alle vorliegenden Informationen zu Eignung und Fähigkeiten der Bewerber auch in die Entscheidung einfließen. Wenn der Dienstherr Testergebnisse außer acht läßt, übt er sein Auswahlermessen fehlerhaft aus, seine Auswahlentscheidung wird damit rechtswidrig. Auf diese Weise ist der Dienstherr an die bloße Existenz der Testergebnisse als selbstgeschaffene Vorgaben gebunden.

Darüber hinaus ist eine weitergehende Selbstbindung des Dienstherrn an bestimmte Testergebnisse möglich, nämlich wenn sich im Hinblick auf die Testergebnisse eine gleichmäßige Verwaltungspraxis bei der Bewerberauswahl herausgebildet hat. Dann ist der Dienstherr auf Grund der Gleichbehandlungspflicht aus Art. 33 Abs. 2 GG (bzw. allgemein aus Art. 3 Abs. 1 GG) in seinem Auswahlermessen an die selbstgeschaffene Verwaltungspraxis gebunden, d. h. er darf ohne rechtfertigenden sachlichen Grund von ihr nicht abweichen. Eine derartige Selbstbindung der Verwaltung bildet sich meist durch die ständige Anwendung von ermessenslenkenden Verwaltungsvorschriften heraus (sog. Einstellungsrichtlinien). Einstellungsrichtlinien knüpfen oft an Prüfungsnoten an, z. B. an eine bestimmte Durchschnittspunktzahl in den Staatsprüfungen für die Aufnahme in den Richterdienst; in gleicher Weise sind Einstellungsrichtlinien denkbar, die auf Ergebnisse von psychologischen Tests abstellen, z. B. für Polizeibeamte.

Insoweit bestehen bei der Auswahl von Beamten einerseits und Arbeitnehmern des öffentlichen Dienstes andererseits keine Unterschiede. Besondere Anforderungen an die Amtseignung von Beamten ergeben sich aus der geforderten aktiven Verfassungstreue: Der Beamte muß sich durch sein gesamtes (auch privates) Verhalten zu der freiheitlichen demokratischen Grundordnung i. S. d. Grundgesetzes bekennen und für deren Erhaltung eintreten (§ 52 Abs. 2 BBG, ebenso § 35 Abs. 1 S. 3 BRRG). Von den Angestellten des öffentlichen Dienstes wird dagegen nur erwartet, daß sie sich zu den Grundwerten der Verfassung bekennen (§ 8 Abs. 1 Satz 2 BAT), an die Verfassungstreue der Arbeiter des öffentlichen Dienstes sind noch geringere Anforderungen zu stellen. Wenn nun die Verfassungstreue von Stellenbewerbern zum Gegenstand psychologischer Tests gemacht wird, so hat der Dienstherr darauf zu achten, daß die Testergebnisse je nach Art der zu besetzenden Stelle in unterschiedlicher Gewichtung in den weiteren Auswahlprozeß einfließen.

7. Pflicht des Arbeitgebers zur Bekanntgabe des Meßergebnisses (oder der Methode oder der Bedeutung für den Arbeitgeber)

Arbeitgeber und Arbeitnehmer können vor der Durchführung des Tests die Bekanntgabe des Meßergebnisses vertraglich vereinbaren, etwa in der Weise, daß der Arbeitnehmer seine Zustimmung zum Test an die spätere Bekanntgabe der Ergebnisse bindet. Sofern aber keine derartige vertragliche Regelung besteht, kommt nur eine gesetzliche Informationsverpflichtung des Arbeitgebers in Betracht. Eine ausdrückliche gesetzliche Regelung dieser Frage existiert nicht; eine Informationspflicht des Arbeitgebers könnte sich nur im Zusammenhang mit der Begründung der getroffenen Personalentscheidung ergeben, insbesondere gegenüber den abgelehnten Bewerbern. Wie bereits oben (VIII. 6.) gesehen, ist der Arbeitgeber in seiner Personalauswahl im wesentlichen frei, folglich ist er auch nicht gehalten, seine Entscheidung zu begründen. Dienstherren des öffentlichen Dienstes müssen ihre Bescheide zwar begründen, aber nicht derart detailliert, daß auch das Meßergebnis bekanntgegeben werden müßte. Also besteht für den Arbeitgeber keine gesetzliche Pflicht, dem Arbeitnehmer sein Meßergebnis bekanntzugeben.

Unabhängig davon ist es aber durchaus sinnvoll, wenn der Proband das Testergebnis erfährt, teilweise ist die Bekanntgabe der Ergebnisse sogar im Testverfahren vorgesehen. Sofern der Arbeitgeber das Testergebnis aufbewahrt, gehört es zu den Personalakten, die der Arbeitnehmer gemäß § 83 BetrVG einsehen darf, siehe dazu unten XI. 3. a.

Was die Testmethode betrifft, also das Testkonzept im einzelnen, so besteht für den Probanden weder vor noch nach dem Test ein berechtigtes Interesse an Information. Es gilt daher dasselbe wie oben (VIII. 3. b), der Bewerber hat keinen Anspruch darauf, die konkrete Testmethode zu erfahren.

Von besonderem Interesse für den Bewerber ist daneben die Bedeutung des Tests innerhalb des gesamten Einstellungsverfahrens. Es stellt sich also die Frage, inwieweit der Arbeitgeber darüber Auskunft zu geben hat. Nach Auffassung des Berufsverbandes Deutscher Psychologen gemäß Nr. 4 der „Grundsätze für die Anwendung psychologischer Eignungsuntersuchungen in Wirtschaft und Verwaltung" (Anhang 2) sollen die zu Untersuchenden über das Gewicht der Untersuchungsergebnisse im Rahmen der Auswahlkriterien unterrichtet werden. Diese Grundsätze der Psychologen sind allerdings keine verpflichtenden Rechtsnormen. Entscheidend ist vielmehr, ob die Unterrichtung von Rechts wegen erforderlich ist. Grundsätzlich ist der Arbeitgeber frei in seiner Entscheidung, wie er die einzelnen Auswahlkriterien gewichten will. Dann braucht er darüber auch keine Auskunft zu geben. Anders ist es jedoch, wenn die Bedeutung des Testergebnisses für die Personalauswahl in einer Auswahlrichtlinie nach § 95 BetrVG geregelt ist (s. o. VII. 3.). Aus dem vorvertraglichen Vertrauensverhältnis heraus (cic) ist der Arbeitgeber verpflichtet, den Bewerber über relevante betriebliche Rechtsnormen aufzuklären, also auch über eine einschlägige Auswahlrichtlinie nach § 95 BetrVG.

IX. Abhängigkeit von Versetzung und Beförderung bzw. Teilnahme an Bildungsmaßnahmen vom Testergebnis

1. Versetzung

Versetzung bedeutet arbeitsrechtlich die Zuweisung eines anderen Arbeitsbereichs, und zwar entweder voraussichtlich für die Dauer von mehr als einem Monat oder unter erheblicher Änderung der Arbeitsumstände (§ 95 Abs. 3 BetrVG). Der tatsächlichen Vollziehung liegt ein entsprechender Rechtsakt auf der Ebene des Arbeitsverhältnisses zugrunde, z.B. die entsprechende Anweisung des Arbeitgebers kraft seines Direktionsrechts. Zu klären ist also, inwieweit psychologische Tests die Anordnung einer Versetzung beeinflussen können.

Kraft seines Direktionsrechts (§ 315 BGB) ist der Arbeitgeber berechtigt, durch einzelne Anweisungen die Arbeitspflicht des Arbeitnehmers zu konkretisieren. Dazu gehört im Grundsatz auch eine Versetzung. Allerdings kann der Spielraum des Arbeitgebers bei der Ausübung des Direktionsrechts durch entsprechende arbeitsvertragliche Regelungen eingeengt werden. Dies geschieht beispielsweise schon dadurch, daß der Arbeitgeber einen Arbeitnehmer nicht als „Faktotum" einstellt, sondern in der Regel eine mehr oder weniger genaue Beschreibung des Tätigkeitsfelds des Arbeitnehmers in den Arbeitsvertrag aufnimmt. In derselben Weise ist es auch möglich, im Arbeitsvertrag die Berücksichtigung der Ergebnisse von psychologischen Tests für etwaige Versetzungsentscheidungen zu regeln. Neben derartigen einzelvertraglichen Regelungen können auch Auswahlrichtlinien nach § 95 BetrVG zur Begrenzung des Direktionsrechts führen. In einer derartigen „Testrichtlinie" kann bestimmt sein, daß bei der Auswahl der zu versetzenden Arbeitnehmer die Ergebnisse von psychologischen Tests zu berücksichtigen sind. Denkbar sind auch Regelungen, die sowohl die Art der Tests als auch die auszuwählenden Testkriterien für bestimmte Anwendungsgebiete genau festlegen. Auch soweit das Direktionsrecht nicht individualrechtlich oder auf betriebsverfassungsrechtlicher Grundlage eingeschränkt ist, darf der Arbeitgeber nicht Willkür walten lassen, sondern hat sein Direktionsrecht nach „billigem Ermessen" auszuüben. Dazu bedarf es im Einzelfall einer Abwägung der Interessen beider Seiten. Im konkreten Fall einer geplanten Versetzung bedeutet dies, daß unter Berücksichtigung von Art und Intensität der Veränderung auf seiten des Arbeitgebers die betrieblichen Gründe für die Versetzung zu berücksichtigen sind, auf seiten des Arbeitnehmers hingegen das Interesse an der Beibehaltung der bisherigen Arbeitsbedingungen sowie die infolge der Veränderung zu erwartenden Nachteile. Bei dieser Interessenabwägung können auf beiden Seiten die Ergebnisse von psychologischen Tests verwertet werden, und zwar auf Arbeitgeberseite im Hinblick auf die Geeignetheit des Arbeitnehmers für einen bestimmten Arbeitsplatz und auf Arbeitnehmerseite hinsichtlich der psychischen Belastungen durch die Versetzung. Insbesondere bei innerbetrieblichen Umsetzungen kommt eine Auswahl der geeigneten Kandidaten auf Grund von psychologischen Tests in Betracht.

Soweit die Versetzung auf einer Änderungskündigung (§ 2 KSchG) beruht, gelten die unten aufgeführten Grundsätze für die Kündigung (X.).

2. Beförderung

Für Beförderungen gilt allgemein folgender Grundsatz: Es gibt keinen Rechtsanspruch des Arbeitnehmers auf Beförderung. Für das Verfahren bei einer Beförderung gelten hinsichtlich der Verwendung von psychologischen Tests die gleichen Regeln wie bei Einstellungen (siehe oben VI. bis VIII.). Erfaßt sind dabei auch die Tests im Rahmen einer sogenannten Potentialanalyse. Darunter versteht man ein Verfahren zur Untersuchung des — womöglich derzeit teilweise unausgeschöpften — Fähigkeitspotentials eines Arbeitnehmers, das eine Prognose zur persönlichen Eignung für die Übernahme anderer, insbesondere höherwertiger Aufgaben ermöglicht.

Für die Beförderung von Beamten gelten besondere Vorschriften (Laufbahnverordnungen), ausnahmsweise kann auch ein Anspruch auf Beförderung bestehen, z. B. wenn die Beförderung rechtswirksam zugesichert wurde (§ 38 VwVfG) oder wenn der Dienstherr entgegen seiner Fürsorgepflicht durch gesetzwidriges Verhalten eine Beförderung zu verhindern sucht. Im übrigen gelten für Beförderungen im öffentlichen Dienst der Länder für die Einbeziehung psychologischer Tests besondere Vorschriften (siehe dazu oben VI. 3.).

3. Teilnahme an Bildungsmaßnahmen

Die Auswahl des Teilnehmerkreises bei Maßnahmen der Berufsbildung (betrieblich oder außerbetrieblich, §§ 96 ff. BetrVG) ist im Gesetz nur andeutungsweise geregelt. Nach § 96 Abs. 2 BetrVG sind insbesondere betriebliche Notwendigkeiten zu berücksichtigen, daneben auch die Belange älterer Arbeitnehmer. Der Arbeitgeber darf also nach eigenem Ermessen berufsbildende Maßnahmen ergreifen und die teilnehmenden Arbeitnehmer auswählen. Dabei darf er auch auf Testergebnisse zurückgreifen bzw. Tests/Potentialanalysen durchführen, um geeignete Arbeitnehmer ausfindig zu machen, folglich auch solche Arbeitnehmer von der Berufsbildungsmaßnahme ausschließen, die die Teilnahme am psychologischen Test verweigern. Soweit der Arbeitgeber Bildungsmaßnahmen im Betrieb durchführt oder für außerbetriebliche Maßnahmen Arbeitnehmer freistellt oder dafür ganz oder teilweise die Kosten übernimmt, hat er hinsichtlich des Teilnehmerkreises das Mitbestimmungsrecht des Betriebsrats gemäß § 98 Abs. 3 und 4 BetrVG zu beachten.

X. Kündigung und Kündigungsein-
schränkung aufgrund des Testergebnisses

Psychologische Tests spielen für die Kündigung nur dann eine
Rolle, wenn der Arbeitgeber das Arbeitsverhältnis nur aufgrund
eines Kündigungsgrundes kündigen darf. Voraussetzung dafür
ist, daß der Arbeitnehmer Kündigungsschutz nach § 1 KSchG
genießt. Der Betrieb muß mehr als fünf Arbeitnehmer beschäf-
tigen (§ 23 Abs. 1 KSchG), der Betroffene darf keine Führungskraft nach § 14 Abs. 1 KSchG sein, und das Arbeitsverhältnis muß in demselben Betrieb oder Unternehmen ohne Un-
terbrechung länger als sechs Monate bestanden haben (§ 1
Abs. 1 KSchG). Andernfalls stellt sich die Frage nach den Kündigungsgründen gemäß § 1 Abs. 2 KSchG nicht. Allen drei
Kündigungsgründen gemeinsam ist die Unzumutbarkeit der
Fortsetzung des Arbeitsverhältnisses für den Arbeitgeber. Der
Feststellung der Unzumutbarkeit liegt jeweils eine Prognose,
also eine Wahrscheinlichkeitsentscheidung zugrunde.

1. Personenbedingte Kündigung

Ein Kündigungsgrund liegt in der Person des Arbeitnehmers,
wenn ihm die erforderliche Eignung für den Arbeitsplatz fehlt
und sich daraus eine erhebliche betriebliche Beeinträchtigung
ergibt. Soweit es um bestimmte psychische Anforderungen eines Arbeitsplatzes geht, besteht für den Arbeitgeber die Möglichkeit, mit Hilfe eines psychometrischen Testverfahrens die
konkrete Eignung eines Arbeitnehmers für diesen Arbeitsplatz
festzustellen. Hat der Arbeitgeber bei der Einstellung des Arbeitnehmers diese Möglichkeit versäumt, muß er sich dies im
Rahmen der Interessenabwägung bei der Kündigung entgegen-
halten lassen. Dies bedeutet zwar nicht, daß eine Kündigung
ausgeschlossen wäre, wenn die mangelnde Eignung des Arbeit-

nehmers durch einen Test vorher hätte festgestellt werden können. Aber es sind erhöhte Anforderungen an die Unzumutbarkeit der weiteren Beschäftigung des Arbeitnehmers zu stellen. In solchen Fällen sind dem Arbeitgeber eher gewisse Beeinträchtigungen seiner unternehmerischen Interessen zuzumuten, als wenn er bei der Einstellung des Arbeitnehmers dessen Eignung für den Arbeitsplatz umfassend geprüft hätte.

2. Verhaltensbedingte Kündigung

Grundsätzlich ergeben sich für die Zulässigkeit einer verhaltensbedingten Kündigung keine Einschränkungen im Hinblick auf psychologische Tests, denn die Kündigung beruht hier auf dem steuerbaren Fehlverhalten des Arbeitnehmers, für das er selbst die Verantwortung zu tragen hat. Die negative Prognose für die zukünftige Arbeitsleistung ergibt sich üblicherweise schon aus der Erfolglosigkeit der vorangegangenen Abmahnung. In besonders gelagerten Fällen kann allerdings die Abgrenzung der verhaltensbedingten zur personenbedingten Kündigung schwierig sein. Dauerndes Zuspätkommen z.B. mag in der Regel verhaltensbedingt sein, kann aber auch auf einer krankhaften psychischen Veranlagung beruhen und damit personenbedingt sein. Sofern in derartigen Fällen mit hoher Wahrscheinlichkeit ein personenbedingter Kündigungsgrund vorliegt, ist dies im Rahmen der Interessenabwägung zu berücksichtigen (siehe oben 1.) und führt zu erhöhten Anforderungen an die Unzumutbarkeit der Weiterbeschäftigung des Arbeitnehmers.

3. Betriebsbedingte Kündigung

Für betriebsbedingte Kündigungen ergeben sich aus der Existenz psychologischer Tests keinerlei Einschränkungen. Das gilt auch für die Sozialauswahl gemäß § 1 Abs. 3 KSchG, denn psychologische Tests geben keinen Aufschluß über die sozialen Merkmale im Sinne kündigungsschutzrechtlicher Sozialauswahl wie z. B. Alter, Dauer der Betriebszugehörigkeit, Unterhaltsverpflichtungen oder sonstige wirtschaftliche Lage des Arbeitnehmers.

4. Änderungskündigung statt Beendigungskündigung

Eine Änderungskündigung, also eine Kündigung verbunden mit dem Angebot der Fortsetzung des Arbeitsverhältnisses zu geänderten Arbeitsbedingungen (§ 2 KSchG), kann aufgrund der Ergebnisse eines psychologischen Tests anstelle einer Beendigungskündigung geboten sein. Das ist dann der Fall, wenn der Test ergibt, daß der Arbeitnehmer für einen (gleichwertigen oder ihm sonst zumutbaren) anderen freien Arbeitsplatz geeignet ist, z. B. im Innendienst statt im Außendienst. Im umgekehrten Fall der Testverweigerung des Arbeitnehmers kann der Arbeitgeber die (psychische) Eignung für in Aussicht genommene andere freie Arbeitsplätze nicht überprüfen; dann ist es für den Arbeitgeber auch nicht zumutbar, dem Arbeitnehmer die Weiterbeschäftigung auf einem anderen Arbeitsplatz anzubieten, er darf also in dieser Lage eine Beendigungskündigung aussprechen.

XI. Rechtsverhältnisse an ausgefüllten Tests

1. Wem gehört der Test?

Die Eigentumslage der ausgefüllten Tests hat für die weiteren Aspekte ihres Verbleibs, nämlich Herausgabe, Einsicht und Aufbewahrung, wesentliche Bedeutung: Wer Eigentümer der Testbogen ist, darf mit ihnen grundsätzlich nach eigenem Belieben verfahren (§ 903 BGB).

a) Arbeitgeber als Eigentümer

Psychologische Tests gehören wie andere Betriebsmittel zum Arbeitsmaterial des Arbeitgebers. Typischerweise erwirbt der Arbeitgeber die Testunterlagen als Eigentümer, um dann den Test durchzuführen. Ob er dadurch auch nach dem Ausfüllen Eigentümer des Tests bleibt, hängt davon ab, ob die Bewerber durch Bearbeiten der Testbogen daran Eigentum erwerben:

b) Bewerber als Eigentümer (§ 950 BGB)

Sofern die Bewerber nicht bereits kraft einer vertraglichen Abrede mit dem Arbeitgeber Eigentümer der ausgefüllten Tests werden (selten), kommt ein gesetzlicher Eigentumserwerb nach § 950 BGB in Betracht. Schreiben und Zeichnen, damit das Ausfüllen von Testbogen, gelten als Verarbeitung gemäß § 950 Abs. 1 Satz 2 BGB. Ob durch diese „Verarbeitung" der Testbogen neue Sachen mit höherem wirtschaftlichen Wert hergestellt werden, ist zweifelhaft. Jedenfalls ist nicht der einzelne Bewerber, sondern der Arbeitgeber als Hersteller i. S. v. § 950 BGB anzusehen, denn der Einsatz des psychologischen Tests erfolgt allein in seinem wirtschaftlichen Interesse. Damit scheidet ein Eigentumserwerb der Bewerber gemäß § 950 BGB aus.

c) Testdurchführer als Eigentümer

Wenn der Arbeitgeber den psychologischen Test nicht ankauft, um ihn in eigener Regie im Betrieb zu verwenden, sondern einen Psychologen oder eine Testfirma mit der Durchführung beauftragt, dann hängt es von den vertraglichen Vereinbarungen zwischen Arbeitgeber und Testveranstalter ab, wem die ausgefüllten Tests gehören sollen.

Anbieter von psychologischen Tests sind besonders daran interessiert, eine unerwünschte Weitergabe und mißbräuchliche Verwendung der Testmaterialien zu verhindern. Daher wird häufig mit dem Arbeitgeber vereinbart, daß die gesamten Testunterlagen Eigentum des Testdurchführers bleiben, der Arbeitgeber also nur ein Ergebnisblatt erhält.

Als Ergebnis bleibt festzuhalten, daß die Bewerber regelmäßig nicht Eigentümer der von ihnen ausgefüllten Tests sind, sondern der Arbeitgeber oder der Testanbieter.

2. Herausgabeansprüche (§§ 985, 1004 BGB)

a) Des Bewerbers

Der Bewerber ist in der Regel — wie bereits festgestellt — nicht Eigentümer der von ihm ausgefüllten Tests, er hat daher auch keinen Herausgabeanspruch gegen den Arbeitgeber gem. § 985 BGB.

Soweit abgewiesene Stellenbewerber betroffen sind, fehlt dem Arbeitgeber nach erfolgreicher Besetzung des Arbeitsplatzes ein schützenswertes Interesse am weiteren Behalten der von ihnen ausgefüllten Tests. Also verletzt die fortdauernde Einblicksmöglichkeit des Arbeitgebers in diese Tests das Persönlichkeitsrecht der erfolglosen Bewerber. Jeder von ihnen kann vom Arbeitgeber die Beseitigung dieser Beeinträchtigung seines allgemeinen Persönlichkeitsrechts (Art. 1, 2 Abs. 1 GG) verlangen, § 1004 BGB. Daraus folgt allerdings keine Herausgabepflicht des Arbeitgebers, denn die Beeinträchtigung kann auch auf andere Weise beseitigt werden, etwa durch Vernichtung der Tests.

Auch nach den Grundsätzen der culpa in contrahendo ist der Arbeitgeber nicht berechtigt, die ausgefüllten Tests abgewiesener Bewerber aufzubewahren, sondern er hat den Zustand vor der Durchführung des Tests wiederherzustellen (§ 249 BGB). Das bedeutet zwar, daß der Arbeitgeber sich des Testmaterials entledigen muß, nicht aber notwendig durch Herausgabe an die erfolglosen Bewerber — denn vor ihrer Bewerbung besaßen sie die Tests ja auch nicht.

Ein Anspruch auf Herausgabe der ausgefüllten Tests besteht also für die Bewerber in den meisten Fällen nicht.

b) Des Betriebsrats

Der Betriebsrat kommt als Eigentümer der ausgefüllten Testmaterialien nicht in Betracht, auch ein sonstiges eigenes Recht des Betriebsrats an den Tests ist nicht ersichtlich. Folglich hat der Betriebsrat gegen den Arbeitgeber keinen Herausgabeanspruch. Ein Betriebsratsmitglied kommt mit den ausgefüllten Tests nur in Berührung, wenn es von einem Arbeitnehmer zwecks Einsicht in die eigene Personalakte gemäß § 83 Abs. 1 Satz 2 BetrVG hinzugezogen wird. Über den Inhalt der Personalakte muß das Betriebsratsmitglied grundsätzlich Stillschweigen bewahren (§ 83 Abs. 1 Satz 3 BetrVG). Wenn nun aber dem Betriebsrat ein selbständiges Einsichtsrecht in die Personalakten und damit auch in die ausgefüllten psychologischen Tests fehlt, dann steht dem Betriebsrat erst recht kein eigenständiger Herausgabeanspruch gegen den Arbeitgeber zu.

3. Aufbewahrung von Meßergebnissen

a) Aufbewahrung oder Vernichtung?

Eine Aufbewahrung der Meßergebnisse bzw. der ausgefüllten Testmaterialien bedeutet, daß diese speziellen persönlichen Daten des Arbeitnehmers weiterhin ständig verfügbar sind. Einen solchen andauernden Einblick in die rechtlich geschützte Persönlichkeitssphäre braucht ein Arbeitnehmer aber nur zu dulden, wenn insoweit ein berechtigtes Bedürfnis besteht.

Als Besitzer von verwendeten Testmaterialien und Testergebnissen kommen sowohl der Arbeitgeber als auch der Psychologe bzw. die beauftragte Testfirma in Betracht. Ein berechtigtes Interesse des Arbeitgebers an der Aufbewahrung der Unterlagen ist ersichtlich, wenn er den Arbeitnehmer eingestellt hat oder wenn die Bewerbung im Einverständnis beider Seiten in absehbarer Zeit wiederholt werden soll. Ein Grund zur Aufbewahrung kann auch darin bestehen, daß mit Rechtsstreitigkeiten über die Ablehnung eines Bewerbers oder speziell hinsichtlich des Testverfahrens zu rechnen ist. Dieser Aspekt, nämlich die Sicherung von Beweismaterial für einen bevorstehenden Prozeß, berechtigt auch den Psychologen oder die Testfirma zur Aufbewahrung der Unterlagen. Im übrigen hat der Testveranstalter aber als Außenstehender kein rechtlich erhebliches Interesse an der Aufbewahrung der ausgefüllten Tests.

Soweit für den Arbeitgeber oder Psychologen kein Recht zur Aufbewahrung der Unterlagen besteht, muß er darauf verzichten, weil er anderenfalls das Persönlichkeitsrecht der betroffenen Arbeitnehmer verletzen würde. In einem solchen Fall hat der Betroffene einen Rechtsanspruch auf Vernichtung der Testbögen (analog § 1004 BGB). Ob die Tests wirklich vernichtet oder freundlicherweise an den Arbeitnehmer herausgegeben werden sollen, bleibt der freien Wahl des Besitzers der Materialien überlassen.

Selbstverständlich sind weder Arbeitgeber noch Psychologen verpflichtet, ausgefüllte Tests überhaupt aufzubewahren, sie dürfen sie grundsätzlich auch sofort vernichten.

Für den öffentlichen Dienst vieler Bundesländer ist die Frage der Aufbewahrung bzw. Speicherung von Personaldaten spezialgesetzlich geregelt. In Brandenburg, Bremen, Hamburg, Hessen, Mecklenburg-Vorpommern, Niedersachsen, Nordrhein-Westfalen, im Saarland, in Sachsen, Sachsen-Anhalt und Schleswig-Holstein sind die personenbezogenen Daten, die vor Eingehung eines Dienst- oder Arbeitsverhältnisses erhoben wurden, unverzüglich zu löschen, sobald feststeht, daß ein Beschäftigungsverhältnis nicht zustande kommt (§ 29 Abs. 3 Satz 1 Brandenburgisches DSG, § 22 Abs. 5 Bremisches DSG, § 28 Abs. 5 Hamburgisches DSG, § 34 Abs. 4 Hessisches DSG, § 31 Abs. 5 Satz 1 DSG Mecklenburg-Vorpommern, § 24 Abs. 3 Niedersächsisches DSG, § 29 Abs. 3 DSG Nordrhein-Westfalen, § 31 Abs. 6 LDSG Rheinland-Pfalz, § 29 Abs. 3 Saarländisches DSG, § 31 Abs. 4 Sächsisches DSG, § 28 Abs. 3 Satz 1 DSG Sachsen-Anhalt, § 30 Abs. 4 LDSG Schleswig-Holstein). Nach der Beendigung der Beschäftigung sind die Daten zu löschen, sobald sie nicht mehr benötigt werden (§ 29 Abs. 3 Satz 2 Bbg. DSG, § 28 Abs. 5 Hmb. DSG, § 31 Abs. 5 Satz 4 DSG MV, § 29 Abs. 3 in DSG NW, § 29 Abs. 3 Saarl. DSG, § 28 Abs. 3 Satz 2 DSG-LSA; in Bremen nur auf Antrag des Beschäftigten, § 22 Abs. 5 Satz 2 Brem. DSG) und andere Vorschriften nicht entgegenstehen.

b) Besondere Geheimhaltungspflicht

Sofern nach den gerade genannten Grundsätzen die Aufbewahrung von ausgefüllten Tests und Meßergebnissen zulässig ist, stellt sich die Frage, welcher Personenkreis beispielsweise innerhalb des Betriebs des Arbeitgebers Zugang zu diesem Material haben darf. Tests und Testergebnisse gehören zu den Personalakten, allerdings berühren sie im Gegensatz zu vielen anderen Personaldaten (Alter, Verweildauer im Betrieb usw.) die rechtlich geschützte Persönlichkeitssphäre des Arbeitnehmers im besonderem Maße. Derartig „sensible" Daten sind vom Arbeitgeber als abgesonderter Teil der Personalakte so aufzubewahren, daß sie nur einigen wenigen Personen zugänglich sind, z. B. neben dem Arbeitgeber selbst nur dem Leiter des Personalbüros und dem direkten Vorgesetzten des Arbeitnehmers. Jedenfalls darf es nicht dazu kommen, daß sich eine ganze Personalabteilung lustig macht über „die geringe Intelligenzanpassung der Frau X" und „die mangelnde Erfolgsorientiertheit des Herrn Y". Bei der Aufbewahrung von ausgefüllten psychologischen Tests und Testergebnissen besteht also eine besondere Geheimhaltungspflicht.

In Fällen der Verletzung dieser Geheimhaltungspflicht hat der betroffene Arbeitnehmer wegen der Verletzung seines Persönlichkeitsrechts einen Schadensersatzanspruch nach § 847 BGB i.V.m. § 823 Abs. 1 BGB bzw. nach § 847 BGB i.V.m. § 823 Abs. 2 BGB, §§ 43, 44 Bundesdatenschutzgesetz (BDSG), wenn der Arbeitgeber seine Personaldaten in einer Computerdatei verwaltet.

Daneben ist die Verletzung der Geheimhaltungspflicht auch strafbar gem. § 43 BDSG bzw. nach § 203 StGB.

4. Einsichtsrechte und Auskunftsansprüche bezüglich des Meßergebnisses

a) Einsichtsrecht des Bewerbers

Je nachdem, wo die ausgefüllten Tests aufbewahrt werden, richtet sich das Einsichtsbegehren des Bewerbers gegen den Arbeitgeber oder den Testdurchführer.

Testunterlagen, die vom Arbeitgeber aufbewahrt werden, gehören zu den Personalakten. Ein Recht auf Einsicht in die eigene Personalakte ist für den Arbeitnehmer gesetzlich geregelt, nämlich in § 83 Abs. 1 BetrVG, für den öffentlichen Dienst in § 56 BRRG, § 90 BBG und § 13 BAT. Fraglich ist, ob auch erfolglos gebliebene Bewerber dieses Einsichtsrecht in Anspruch nehmen können. Ihrem Wortlaut nach gelten die genannten Vorschriften nur, wenn ein Arbeitsverhältnis zustande gekommen ist. Nach vorherrschender Ansicht kommt daher ein Einsichtsrecht für abgelehnte Bewerber nur auf Grund des vorvertraglichen Vertrauensverhältnisses (culpa in contrahendo) in Betracht. Ein derartiger Einsichtsanspruch aus cic besteht aber nur ausnahmsweise, nämlich dann, wenn der Bewerber einen rechtlich erheblichen, konkreten Anlaß für sein Einsichtsverlangen hat. Ein solcher Anlaß besteht beispielsweise dann, wenn Zweifel an der Zulässigkeit des Tests aufgekommen sind oder wenn auf Grund des Testergebnisses eine Selbstbindung des Arbeitgebers – zur Einstellung des Bewerbers (s. o. VIII. 6.) – entstanden sein könnte.

Sofern der Psychologe bzw. die Testfirma ausgefüllte Tests aufbewahrt, handelt es sich nicht um Personalakten, so daß ein Einsichtsrecht nach § 83 BetrVG ausscheidet. Angesichts der Bedeutung der Testunterlagen für das Zustandekommen eines Arbeitsverhältnisses steht dem Bewerber aber ein Einsichtsrecht nach § 810 BGB zu. Das dafür notwendige rechtliche Interesse des Bewerbers an der Einsichtnahme ist gegeben, wenn die Testunterlagen ähnlich wie Patientenakten als mögliches Beweismittel im Rechtsstreit, etwa gegen den Arbeitgeber, dienen sollen.

Jegliches Einsichtsrecht kann aber seitens des Arbeitgebers bzw. Psychologen durch eine rechtzeitige Vernichtung der Unterlagen vereitelt werden, soweit nicht eine besondere Pflicht zur Aufbewahrung besteht.

b) Einsichtsrecht des Betriebsrats

Ein besonderes Interesse an der Einsicht in Testunterlagen hat der Betriebsrat vor der Einstellung eines neuen Mitarbeiters.

Der Betriebsrat kann in Betrieben mit mehr als 20 Arbeitnehmern nach § 99 Abs. 1 BetrVG vom Arbeitgeber verlangen, daß ihm alle erforderlichen Unterlagen vorgelegt werden, damit er überprüfen kann, ob er nach § 99 Abs. 2 BetrVG seine Zustimmung zu der geplanten Einstellung verweigern darf oder nicht. Ob auch ausgefüllte psychologische Tests oder Testergebnisse zu diesen erforderlichen Unterlagen gehören, ist noch nicht vollständig geklärt.

Eindeutig beantworten läßt sich die Frage für die Fälle, in denen psychologische Tests mittels einer Auswahlrichtlinie nach § 95 BetrVG (siehe dazu oben VII. 3.) eingeführt worden sind. Verstöße gegen Auswahlrichtlinien berechtigen den Betriebsrat zur Zustimmungsverweigerung nach § 99 Abs. 2 Nr. 2 BetrVG. Um beurteilen zu können, ob der Arbeitgeber bei der Einstellung eine (Test-)Auswahlrichtlinie mißachten würde, braucht der Betriebsrat Informationen über die Durchführung und die Ergebnisse des Tests bei den einzelnen Bewerbern. Zu diesem Zweck darf er Einsicht in die gesamten Testunterlagen der Bewerber nehmen.

In den übrigen Fällen besteht wohl kein Einsichtsrecht des Betriebsrats in die Testunterlagen der Bewerber. Denn mit Blick auf die Zustimmungsverweigerungsgründe nach § 99 Abs. 2 BetrVG ergibt sich für den Betriebsrat kein berechtigtes Interesse an der Kenntnis der Tests. Anders als bei medizinischen Einstellungsuntersuchungen läßt sich hier nicht prüfen, ob die Einstellung und Beschäftigung eines Bewerbers etwa gegen Arbeitsschutzvorschriften verstoßen könnte (s. § 99 Abs. 2 Nr. 1 BetrVG). Ebensowenig kann man den Testunterlagen entnehmen, ob ein in Aussicht genommener Bewerber „den Betriebsfrieden durch gesetzwidriges Verhalten oder durch grobe Verletzung der in § 75 Abs. 1 BetrVG enthaltenen Grundsätze stören" wird (§ 99 Abs. 2 Nr. 6 BetrVG). Weiterhin unterliegt die fachliche Qualifikation eines Bewerbers nicht der Mitbestimmung, der Betriebsrat ist also nicht dazu berufen, sich mit der

Eignung potentieller neuer Kollegen zu befassen, so daß insoweit kein Bedürfnis nach Einsicht in die Tests besteht.

Nach der Einstellung eines Arbeitnehmers gehören die Testergebnisse — soweit sie überhaupt aufbewahrt werden — zu den Personalakten. Ein Einblick in die Personalakten steht nur dem Arbeitnehmer selbst zu. Der Betriebsrat bzw. eines seiner Mitglieder kann nur dann Einsicht in die Personalakte nehmen, wenn der Arbeitnehmer nach § 83 Abs. 1 Satz 2 BetrVG von der Möglichkeit Gebrauch macht, bei der Akteneinsicht ein Mitglied des Betriebsrats hinzuzuziehen. Dann muß das Betriebsratsmitglied aber über den Inhalt der Personalakte, damit auch über die Ergebnisse von psychologischen Tests Stillschweigen bewahren, soweit es nicht vom Arbeitnehmer im Einzelfall von dieser Verpflichtung entbunden wird (§ 83 Abs. 1 Satz 3 BetrVG).

c) Einsichtsrecht der Eltern eines Minderjährigen

Als Sorgeberechtigte sind die Eltern eines minderjährigen Kindes oder Jugendlichen umfassend zur Personensorge (§ 1626 BGB) und zur Vertretung des Kindes (§ 1629 BGB) berufen. Kraft ihrer gesetzlichen Vertretungsbefugnis können die Eltern den Minderjährigen auch bei der Einsicht in die Ergebnisse von psychologischen Tests vertreten. Da die Sorgeberechtigten insoweit nur die Rechte des Kindes stellvertretend wahrnehmen, reicht ihr Einsichtsrecht nur so weit wie dasjenige des minderjährigen Bewerbers selbst. Für die Reichweite des Einsichtsrechts gilt daher das oben unter IV. a) Gesagte entsprechend. Sofern es sich bei der Tätigkeit des Minderjährigen nicht um ein Ausbildungs- oder Fortbildungsverhältnis handelt, sondern um ein sonstiges Arbeitsverhältnis, können die Eltern den Minderjährigen nach § 113 BGB ermächtigen, seine Interessen im Rahmen des Arbeitsverhältnisses selbständig wahrzunehmen. Für diesen Bereich ist der Minderjährige dann voll geschäftsfähig. Folglich können die Eltern insoweit nicht mehr als gesetzliche Vertreter auftreten, die Einsichtnahme in die Personalakten wäre ihnen damit verwehrt. Nach § 113 Abs. 2 BGB dürfen die Sorgeberechtigten die Ermächtigung aber jederzeit zurücknehmen und können auf diese Weise ihr Einblicksrecht wieder aufleben lassen.

Dasselbe gilt für einen Vormund gemäß § 1793 BGB, wenn der Minderjährige unter Vormundschaft steht, § 1773 BGB, bzw. für eine Pflegeperson nach § 44 SGB VIII, die nach § 38 Abs. 1 Nr. 4 SGB VIII berechtigt ist, Rechtshandlungen in Zusammenhang mit der Aufnahme eines Ausbildungs- oder Arbeitsverhältnisses vorzunehmen.

d) *Einsichtsrecht der Staatsanwaltschaft oder der Berufsgenossenschaft (bei Arbeitsunfällen)*

Bei einem Arbeitsunfall (§§ 8 ff. SGB VII; bis 31.12.1996: §§ 548 ff. RVO, zum Übergangsrecht s. §§ 212 ff. SGB VII) muß das Geschehen zur Klärung der sozialversicherungsrechtlichen Konsequenzen untersucht werden. Zur Untersuchung des Arbeitsunfalls, insbesondere natürlich der Unfallursache, ist der zuständige Unfallversicherungsträger berufen (§ 20 SGB X), in der Regel also die Berufsgenossenschaft (zu den weiteren Unfallversicherungsträgern s. § 114 SGB VII). Der Unternehmer ist zur Unterstützung der Untersuchung verpflichtet und hat auch Ermittlungen der Aufsichtspersonen in seinem Betrieb zu dulden (§ 19 SGB VII; ehemals § 1543 c RVO). Wenn ein begründeter Verdacht besteht, daß die psychische Konstitution eines der Unfallbeteiligten bei der Veranlassung des Unfalls eine Rolle gespielt hat, darf der Unfallversicherungsträger bei seinen Untersuchungen auch Testergebnisse einsehen. Soweit die Untersuchung am Arbeitsplatz oder am Unfallort durchgeführt wird, darf der versicherte Arbeitnehmer daran teilnehmen (§ 103 Abs. 2 SGB VII). Die Einsichtnahme in die Ergebnisse psychologischer Tests wird typischerweise im

Personalbüro stattfinden, mit der Folge, daß dem Arbeitnehmer die Teilnahme verweigert werden darf.

Der Versicherungsträger kann auch das zuständige Versicherungsamt mit der Aufklärung des Sachverhalts beauftragen (§ 93 Abs. 2 SGB IV). Im Rahmen einer derartigen Untersuchung hat das Versicherungsamt dieselben Befugnisse wie der Versicherungsträger, also eventuell auch ein Einsichtsrecht in die Ergebnisse von psychologischen Tests.

Sofern der Verdacht besteht, es könnte eine Straftat begangen worden sein, stellt die Staatsanwaltschaft Ermittlungen an, um den Sachverhalt zu erforschen (§ 160 ff. StPO). Die Staatsanwaltschaft ergreift dazu die Maßnahmen, die ihr erfolgversprechend erscheinen. Auch die Ergebnisse von psychologischen Tests kommen als Beweismittel in Betracht, so daß die Staatsanwaltschaft deren Vorlegung anordnen, ggf. sogar Herausgabe gemäß § 95 StPO verlangen kann. Im Falle der Weigerung etwa des Arbeitgebers kann das Strafgericht auf Betreiben der Staatsanwaltschaft Ordnungs- und Zwangsmittel verhängen (§§ 95 Abs. 2, 70 StPO), also Ordnungsgeld und Erzwingungshaft. Dies gilt auch für einen Psychologen als Inhaber von Testergebnissen, da er nicht nach § 53 Abs. 1 StPO zur Verweigerung des Zeugnisses berechtigt ist. Sofern ein Auskunfts- bzw. Vorlegungsverlangen für den Ermittlungszweck nicht ausreicht, z. B. die Echtheit eines Schriftstücks noch geprüft werden soll, ist auch eine gerichtliche Beschlagnahme nach §§ 94 ff. StPO zulässig. Ein Beschlagnahmeverbot nach § 97 StPO besteht für psychologische Tests nicht. Bei der Untersuchung von Arbeitsunfällen ist die Staatsanwaltschaft gehalten, mit der zuständigen Berufsgenossenschaft und dem Gewerbeaufsichtsamt zusammenzuwirken (Nr. 71 der Richtlinien für das Straf- und Bußgeldverfahren).

e) Einsichtsrecht eines Sachverständigen

Auch ein Sachverständiger hat — wie jeder beliebige andere — grundsätzlich kein Einsichtsrecht in die psychologischen Meßergebnisse von Arbeitnehmern. Der Arbeitgeber bzw. Psychologe als Inhaber von Testunterlagen hat das Persönlichkeitsrecht der Testperson zu achten und darf einem Sachverständigengutachter nur ausnahmsweise Einsicht gewähren, wenn der Persönlichkeitsschutz von Rechts wegen hinter das Informationsbedürfnis eines Sachverständigen zurücktritt. Das ist dann der Fall, wenn die Meßergebnisse in einem gerichtlichen Verfahren zur Aufklärung des Sachverhalts verwendet werden sollen. Es ist sogar denkbar, daß derartige Meßergebnisse zum zentralen Beweismittel in einem Verfahren werden, beispielsweise wenn ein Strafverfahren wegen der Fälschung der Testunterlagen (Urkundenfälschung, § 267 StGB) geführt wird. Wenn das Gericht ein Sachverständigengutachten einholt und dabei die Meßergebnisse als Untersuchungsgegenstand benennt, darf der Arbeitgeber oder ein sonstiger Inhaber der Unterlagen dem vom Gericht bestellten Sachverständigen Einsicht gewähren. Wird dem gerichtlichen Sachverständigen die Einsicht verwehrt, so kann dieser sein Einsichtsrecht zwar nicht selbst durchsetzen, aber das Gericht ersuchen, ihm die Materialien zur Verfügung zu stellen. Innerhalb eines Strafverfahrens kann das Gericht mit Hilfe von Ordnungsmitteln oder durch Beschlagnahme der Meßergebnisse (s. dazu oben d) die Einsichtnahme zwangsweise ermöglichen. Im zivil- und verwaltungsprozessualen Verfahren (§ 98 VwGO) besteht diese Möglichkeit nicht, aber die Verweigerung der Einsichtnahme durch eine der Parteien, also die Vereitelung des Sachverständigenbeweises, gestattet dem Gericht, dieses Verhalten zugunsten des Prozeßgegners zu würdigen (Rechtsgedanke des § 444 ZPO).

f) Auskunftsanspruch von Versicherungsträgern

Soweit es um ein Verfahren der öffentlich-rechtlichen Renten-
versicherung, Krankenversicherung, Pflegeversicherung, Un-
fallversicherung oder Arbeitslosenversicherung geht, ergeben
sich die Auskunftsansprüche der jeweils zuständigen Versicherungsträger aus dem Sozialgesetzbuch, 10. Buch (SGB X).
Besonderheiten bei der Untersuchung von Arbeitsunfällen sind
oben unter 4. d) behandelt. Nach § 98 SGB X ist der Arbeitgeber verpflichtet, dem Versicherungsträger Auskünfte zu erteilen, die für die Erbringung von Sozialleistungen erforderlich
sind. Diese Auskunftspflicht erfaßt aber nur die Art und Dauer
der Beschäftigung, den Beschäftigungsort und das Arbeitsent-
gelt, aber keine weiteren persönlichen Daten des Arbeitnehmers, also auch nicht die Ergebnisse von psychologischen
Tests. Nach den allgemeinen Verfahrensvorschriften darf die
Sozialbehörde bei ihrer Tätigkeit alle geeignet erscheinenden
Beweismittel heranziehen (§ 21 SGB X). Zu den in § 21 SGB
X Abs. 1 Nr. 3 erwähnten Urkunden gehören auch die Meßergebnisse psychologischer Tests, die Behörde darf sie also bei-
ziehen. Nach § 21 SGB X Abs. 2 sollen die Beteiligten, also
hier etwa der Arbeitgeber oder Psychologe als Inhaber der
Meßergebnisse bei der Beiziehung der Beweismittel mitwir-
ken. Eine Verweigerung der Mitwirkung hat allerdings keine
direkten Rechtsfolgen, sie kann im weiteren Verfahren höchstens im Rahmen der Beweiswürdigung berücksichtigt werden.
Insofern fehlt es den Versicherungsträgern an einem rechtlich
durchsetzbaren Auskunftsanspruch hinsichtlich der Meßergebnisse.

Bei privatwirtschaftlichen Versicherungen kommt es darauf an,
wie das Versicherungsverhältnis ausgestaltet ist. Gemäß § 34
Versicherungsvertragsgesetz (VVG) kann die Versicherung
nach Eintritt des Versicherungsfalls vom Versicherungsnehmer
verlangen, daß er alle Auskünfte erteilt, die zur Feststellung
des Versicherungsfalls und des Umfangs der Leistungspflicht

der Versicherung erforderlich sind. Zu den erforderlichen Auskünften können auch die Meßergebnisse von psychologischen Tests gehören. Wenn der Arbeitnehmer der Versicherte ist, ist er versicherungsrechtlich verpflichtet, der Versicherung das Einholen von Auskünften zu ermöglichen. Im Falle von Meßergebnissen, die im Betrieb aufbewahrt werden, muß der Arbeitnehmer zu diesem Zweck den Arbeitgeber anweisen, die gewünschten Auskünfte zu erteilen. Ist der Arbeitgeber Vertragspartner der Versicherung, hat er der Versicherung nach § 34 VVG Auskünfte zu erteilen, über Meßergebnisse seiner Arbeitnehmer allerdings nur, wenn feststeht, daß es zur Beurteilung des Versicherungsfalls auf diese Meßergebnisse ankommt. Das wird in der Praxis selten der Fall sein.

g) Auskunftsanspruch des Bewerbers bezüglich der Meßergebnisse Dritter

Abgelehnte Bewerber haben oft ein Interesse daran, die Gründe ihres Mißerfolgs zu erfahren. Soweit psychologische Tests bei der Bewerberauswahl eingesetzt wurden, sind dabei besonders die Meßergebnisse der erfolgreicheren Mitbewerber von Interesse. Auf der anderen Seite gebietet der Persönlichkeitsschutz dem Arbeitgeber bzw. Psychologen die Geheimhaltung aller Meßergebnisse. Eine Auskunft über fremde Meßergebnisse darf nur erteilt werden, wenn darauf ein Rechtsanspruch besteht. Wie bereits an anderer Stelle dargelegt (oben VIII. 7.) braucht der Arbeitgeber seine ablehnende Entscheidung gegenüber einem Bewerber nicht zu begründen. Im öffentlichen Dienst muß ein derartiger Bescheid zwar eine Begründung enthalten, die aber nicht die Meßergebnisse der Konkurrenten zu umfassen braucht. Mangels besonderen Rechtsanspruchs auf Auskunft über fremde Meßergebnisse setzt sich das Geheimhaltungsinteresse der Testperson durch, ein Auskunftsanspruch besteht nicht. Arbeitgeber und Psychologen dürfen also konkrete Individualdaten („Intelligenzanpassung bei Herrn X:

60 Punkte") nicht an andere Arbeitnehmer weitergeben, sondern allenfalls Durchschnittswerte u. ä. bekanntgeben.

5. Weitergabe von Meßergebnissen an Dritte

a) Zur Veröffentlichung

Die Meßergebnisse psychologischer Tests unterliegen als höchstpersönliche Daten einer strengen Geheimhaltungspflicht (s. o. 3. b). Eine Veröffentlichung dieser Daten, etwa in Massenmedien, Arbeitgeber- oder Gewerkschaftsblättern, aber auch in Rundschreiben oder Betriebszeitungen etc., verletzt das Persönlichkeitsrecht der Testpersonen. Ohne deren Zustimmung ist die Veröffentlichung von Meßergebnissen verboten. Bei unberechtigter Veröffentlichung drohen Schadensersatzansprüche des Arbeitnehmers (§ 847 i.V.m. § 823 Abs. 1 BGB; §§ 43, 44 BDSG, § 823 Abs. 2 BGB) und eine strafrechtliche Verfolgung (§ 203 StGB, § 43 BDSG).

Es ist aber zulässig, wenn der Arbeitgeber allgemeine Erfahrungsberichte über die Durchführung psychologischer Tests veröffentlicht. Dabei darf er auch die erreichten Durchschnittswerte für einzelne Testwertungen angeben oder auch Werte, die erfolgreiche Bewerber typischerweise aufweisen, nicht jedoch Meßergebnisse veröffentlichen, die bei einer bestimmten Einzelperson gewonnen wurden.

b) Zu Forschungszwecken

Die Freiheit der wissenschaftlichen Forschung ist verfassungsrechtlich garantiert. In Art. 5 Abs. 3 des Grundgesetzes heißt es dazu: „Kunst und Wissenschaft, Forschung und Lehre sind frei." Dies bedeutet aber nicht, daß gegenüber den Interessen der Wissenschaftler das ebenfalls von der Verfassung geschützte Persönlichkeitsrecht (Art. 2 Abs. 1 GG) grundsätzlich zurückzutreten hat. Vielmehr muß zwischen diesen beiden Verfassungsgütern ein gerechter Ausgleich gefunden werden. Dementsprechend sind im Bundesdatenschutzgesetz (BDSG) und in den Landesdatenschutzgesetzen für den Bereich der Forschung besondere Regelungen getroffen worden. Personenbezogene Daten — dazu gehören die Testergebnisse — dürfen aus automatisierten Dateien ohne Zustimmung der Betroffenen nur in engen Grenzen zu Forschungszwecken weitergegeben werden:

Wenn eine private Stelle (Unternehmer, Psychologe) die Daten erhoben hat, dürfen sie an eine Forschungsstelle übermittelt werden, „wenn es im Interesse der speichernden Stelle zur Durchführung wissenschaftlicher Forschung erforderlich ist, das wissenschaftliche Interesse an der Durchführung des Forschungsvorhabens das Interesse des Betroffenen an dem Ausschluß der Zweckänderung erheblich überwiegt und der Zweck der Forschung auf andere Weise nicht oder nur mit unverhältnismäßigem Aufwand erreicht werden kann." (§ 28 Abs. 1 Nr. 4, Abs. 2 Nr. 2 BDSG). Eine Übermittlung der Daten zu Zwecken der Markt- oder Meinungsforschung kann jeder Betroffene durch einen Widerspruch nach § 28 Abs. 3 BDSG verhindern. Wenn es um Meßergebnisse bei einer öffentlichen Behörde geht, so ist bei der Zulässigkeit der Datenübermittlung danach zu unterscheiden, ob auch der Empfänger eine öffentliche Stelle ist oder nicht. Eine Weitergabe an öffentliche Stellen ist gemäß § 15 BDSG zulässig, wenn sie zur Aufgabenerfüllung der übermittelnden oder empfangenden Stelle und zugleich zur Durchführung eines wissenschaftlichen Forschungsvorhabens erforderlich ist (§ 15 Abs. 1 i.V.m. § 14 Abs. 2 Nr. 9 BDSG; vergleichbare landesrechtliche Vorschriften: § 13 Abs. 1 i.V.m. § 12 Abs. 2 Nr. 4 LDSG Baden-Württemberg, Art. 18 Abs. 1 i.V.m. Art. 17 Abs. 2 Nr. 11 Bayerisches DSG, § 12 i.V.m. § 30 Berliner DSG, §§ 13, 21 Abs. 2 Bremisches DSG, §§ 13, 27, 28 Hamburgisches DSG, §§ 14, 33, 34 Hessisches DSG, § 12 Abs. 1 i.V.m. § 9 Abs. 3 DSG Mecklenburg-Vorpommern, § 25 Abs. 1 i.V.m. § 11 Niedersächsisches DSG,

§§ 14, 28, 29 DSG Nordrhein-Westfalen, § 14 Abs. 1 i.V.m. § 13 Abs. 2 Nr. 3 LDSG Rheinland-Pfalz, § 28 Abs. 3 Saarländisches DSG (genehmigungsbedürftig), § 13 Abs. 1 i.V.m. § 12 Abs. 2 Nr. 4 Sächsisches DSG, § 11 Abs. 1 i.V.m. § 10 Abs. 2 Nr. 9 DSG Sachsen-Anhalt, § 28 Abs. 3 LDSG Schleswig-Holstein (nicht gegen den Willen des Betroffenen), § 21 Abs. 1 i.V.m. § 20 Abs. 2 Thüringer DSG). Die Weiterleitung an eine nicht-öffentliche Forschungsstelle ist nach § 16 BDSG nur zulässig, wenn die übermittelnde öffentliche Stelle selbst zur wissenschaftlichen Auswertung der Daten nach § 14 Abs. 2 Nr. 9 BDSG befugt ist oder wenn der Empfänger ein berechtigtes Interesse an den Daten hat und der Betroffene kein entgegenstehendes schutzwürdiges Interesse geltend machen kann — z.B. wegen vorheriger Anonymisierung der Daten (vergleichbare landesrechtliche Vorschriften: § 15 LDSG BW, Art. 19 Bay. DSG, § 13 i.V.m. § 30 Abs. 4 Ber. DSG, § 28 Abs. 4 Bbg. DSG, § 21 Abs. 5 Brem. DSG, § 16 Hmb. DSG, § 16 Hess. DSG, § 30 Abs. 7 DSG MV, § 25 Abs. 7 NDSG, § 29 Abs. 1 S. 2 DSG NW, § 30 Abs. 2 LDSG RP, § 29 Abs. 1 Satz 2 Saarl. DSG, § 30 Abs. 2 LDSG SH (strenger), § 22 Abs. 1 i.V.m. § 20 Abs. 2 Thür. DSG).

Für die weitere Verwendung der Daten im Zuge eines wissenschaftlichen Forschungsvorhabens gilt — unabhängig davon, ob die Daten in automatisierten Dateien enthalten waren oder nicht — die Regelung in § 40 BDSG. Nach § 40 Abs. 3 BDSG müssen die verwendeten personenbezogenen Daten anonymisiert werden, sobald dies nach dem Forschungszweck möglich ist. Anonymisierung der Daten bedeutet die Aufhebung der Zuordnung der einzelnen Daten zu einer bestimmten Person (vgl. die Definition in § 3 Abs. 7 BDSG). Für eine statistische Untersuchung von psychologischen Meßergebnissen hat das beispielsweise zur Folge, daß schon zu Beginn der wissenschaftlichen Forschungsarbeit die Namen der Testpersonen gelöscht oder sonstwie ausgeschieden werden müssen, da sie für die weitere Untersuchung nicht benötigt werden. Ohne die Einwilligung des Betroffenen dürfen auch Forschungsstellen personenbezogene Daten nur veröffentlichen, wenn dies für die Darstellung von Forschungsergebnissen über Ereignisse der Zeitgeschichte unerläßlich ist (§ 40 Abs. 4 BDSG).

c) An andere Arbeitnehmer des Betriebs

Meßergebnisse psychologischer Tests unterliegen einer strengen Geheimhaltungspflicht (siehe oben 3.b). Diese Geheimhaltungspflicht soll die Testperson gegenüber jedermann schützen, also auch gegenüber den anderen Arbeitnehmern desselben Betriebs. Ohne Zustimmung der Betroffenen dürfen daher Meßergebnisse nicht an andere Arbeitnehmer weitergegeben werden. Diese Regel gilt für alle Personen, die Zugang zu den Meßergebnissen haben, also neben dem Arbeitgeber auch für Psychologen, Personalleiter, Dienstvorgesetzte und ggf. Betriebsräte oder Personalräte.

d) An andere Arbeitgeber

Das strikte Geheimhaltungsgebot für Meßergebnisse wirkt auch gegenüber anderen Arbeitgebern. Es mag zwar sein, daß es in der Praxis üblich ist, daß Arbeitgeber untereinander Informationen über bestimmte Arbeitnehmer austauschen und dabei auch geheimhaltungsbedürftige Daten nicht aussparen, aber von Rechts wegen dürfen Meßergebnisse und andere geschützte Daten ohne Einwilligung des betroffenen Arbeitgebers nicht an einen anderen (zukünftigen) Arbeitgeber weitergegeben werden. Das gilt im übrigen auch für die Ergebnisse psychologischer Tests, die das Arbeitsamt in besonderen Fällen für Arbeitsuchende durchführt (§ 22 Satz 3 i.V.m. § 14 Abs. 2 AFG).

Arbeitgeber des öffentlichen Dienstes dürfen einander persönliche Daten von Arbeitnehmern und Beamten nur im Einklang mit den Datenschutzgesetzen weitergeben. Meßergebnisse psychologischer Tests unterliegen dem Berufsgeheimnis des Psychologen (§ 203 StGB) bzw. einem besonderen Amtsgeheimnis, nach § 39 BDSG dürfen sie daher ausschließlich für den ursprünglichen Zweck — die Personalauswahl — verwendet werden. Soweit diese Daten im Rahmen der Personalauswahl zur öffentlichen Aufgabenerfüllung einer anderen Verwaltungsstelle erforderlich sind, dürfen sie nach § 15 BDSG übermittelt werden. Nach § 15 Abs. 4 BDSG gilt das auch für eine Weitergabe an öffentlich-rechtliche Religionsgesellschaften, sofern sichergestellt ist, daß bei dem Empfänger ausreichende Datenschutzmaßnahmen getroffen werden. Abweichend davon gelten in zahlreichen Bundesländern für die landeseigenen Behörden einschränkende Regelungen: In Brandenburg, Bremen, Hessen, Mecklenburg-Vorpommern, Niedersachsen, Nordrhein-Westfalen, im Saarland und in Sachsen-Anhalt ist die Übermittlung von Daten an einen künftigen Dienstherrn oder Arbeitgeber stets nur mit Einwilligung des Betroffenen zulässig (§ 29 Abs. 1 Satz 3 Brandenburgisches DSG, § 22 Abs. 3 S. 2 Bremisches DSG, § 34 Abs. 2 Hessisches DSG, § 31 Abs. 3 DSG Mecklenburg-Vorpommern, § 24 Abs. 1 Satz 4 Niedersächsisches DSG, § 29 Abs. 1 Satz 3 DSG Nordrhein-Westfalen, § 29 Abs. 1 Satz 3 Saarländisches DSG, § 28 Abs. 1 DSG Sachsen-Anhalt). In Hamburg ist die Übermittlung an einen künftigen Dienstherrn oder Arbeitgeber nur mit Einwilligung des Betroffenen zulässig, es sei denn, daß eine Abordnung oder Versetzung vorbereitet wird, die der Zustimmung des Beschäftigten nicht bedarf (§ 28 Abs. 3 Hamburgisches DSG). In Sachsen bedarf die Übermittlung an einen künftigen Dienstherrn oder Arbeitgeber entweder einer besonderen gesetzlichen Grundlage oder der Einwilligung des Betroffenen, sofern es sich nicht um zwingend erforderliche Auskünfte im Dienstverkehr handelt (§ 31 Abs. 2 Sächsisches DSG).

Verletzungen der Geheimhaltungspflicht durch unerlaubte Weitergabe der Meßergebnisse können Schadensersatzansprüche des Arbeitnehmers und auch strafrechtliche Folgen nach sich ziehen (siehe oben 3. b).

Mit Einwilligung oder auf Initiative des Arbeitnehmers dürfen die Meßergebnisse ohne weiteres an einen anderen Arbeitgeber weitergegeben werden. Soweit dem Arbeitnehmer Meßergebnisse zur eigenen Verfügung überlassen worden sind, darf er sie seinen Bewerbungsunterlagen beifügen. Dabei ist natürlich zu bedenken, daß ein neuer Arbeitgeber mit den alten Meßergebnissen möglicherweise nicht viel anfangen kann oder ihnen sogar mißtraut.

XII. Urheberrechtliche Probleme

1. Verwendung veröffentlichter Meßverfahren

In psychologischen Fachpublikationen finden sich gelegentlich auch Veröffentlichungen psychologischer Tests, die der Arbeitgeber für die Personalauswahl verwenden könnte. Abgesehen davon, daß ein psychologischer Laie solche Tests in der Regel wohl nicht sachgemäß durchführen kann, stellt sich die Frage, ob dadurch Urheberrechte des Testautors verletzt würden.

Psychologische Tests genießen umfassenden Schutz nach dem Urheberrechtsgesetz (UrhG). Typischerweise ist ein psychologischer Test als Sprachwerk (§ 2 Abs. 1 Nr. 1 UrhG) geschützt, Teile eines Tests können auch sog. Lichtbildwerke (§ 2 Abs. 1 Nr. 5 UrhG) sein, z.B. Dias, die den Testpersonen vorgeführt werden, oder auch Zeichnungen, Skizzen, Tabellen etc. wissenschaftlichen Charakters (§ 2 Abs. 1 Nr. 7 UrhG). Das Urheberrecht an einem psychologischen Test steht dem Psychologen zu, der den Test entwickelt hat; er ist der Schöpfer des Werkes i. S. v. § 7 UrhG. Nur der Urheber hat gemäß § 15 UrhG das Recht, sein Werk zu verwerten. Dazu gehört insbesondere das Vervielfältigungsrecht (§ 16 UrhG) für das Herstellen von Kopien und das Verbreitungsrecht (§ 17 UrhG), das die Weitergabe von Kopien in der Öffentlichkeit umfaßt.

Das Kopieren von psychologischen Tests, auch wenn sie bereits veröffentlicht sind, ist demnach ohne Einwilligung des Urhebers bzw. des Nutzungsberechtigten (§§ 31 ff. UrhG) unzulässig. Die Schranken des Urheberrechtsschutzes zugunsten des privaten Gebrauchs nach § 53 UrhG sind für die Veranstaltung von Eignungstests nicht einschlägig. In der Durchführung eines Tests für mehrere Bewerber liegt zudem ein Verbreiten der Testmaterialien in der Öffentlichkeit (§ 17 Abs. 1 UrhG), denn auch eine begrenzte Zahl von Probanden, die durch ihre bloße

Bewerbung weder untereinander noch mit dem Testveranstalter irgendwie persönlich verbunden sind, stellt eine Öffentlichkeit i. S. d. UrhG dar (§ 15 Abs. 3 UrhG). Also ist auch unter dem Gesichtspunkt des Verbreitens der Testmaterialien die Einwilligung des Berechtigten erforderlich. Sofern bei einem psychologischen Test einer Gruppe von Kandidaten Filme oder Dias gezeigt werden, fällt dies unter das Vorführungsrecht gemäß § 19 Abs. 4 i.V. m. § 15 Abs. 2 UrhG, ist demnach ebenfalls zustimmungsbedürftig.

Der Testanwender kann die Einschränkungen durch das UrhG auch nicht dadurch umgehen, daß er aus einem urheberrechtlich geschützten psychologischen Test nur einzelne Teile zur Verwendung auswählt, denn diese Vorgehensweise führt nicht zu einem neuen, selbständigen Werk unter Benutzung der bereits vorhandenen Vorlage. Folglich entfällt dadurch nicht nach § 24 Abs. 1 UrhG das Erfordernis der Zustimmung des Urhebers oder der sonstigen Berechtigten.

Zusammengefaßt läßt sich sagen, daß ohne Zustimmung des Testautors bzw. Verlegers Testmaterialien nicht kopiert und dann eingesetzt werden dürfen. Bei Verstößen gegen das UrhG muß der Testveranstalter mit Schadensersatzansprüchen rechnen (§ 97 UrhG). Die Verwertungsrechte von bereits veröffentlichten psychologischen Tests werden in Deutschland von der Verwertungsgesellschaft WORT (VG Wort) wahrgenommen.

2. Verwendung eines von einem Verband angebotenen Meßverfahrens

Auch ein Verband, der Meßverfahren anbietet, hat dabei das Urheberrecht des Testautors zu achten. Er darf einen Test also nur anbieten, wenn er Inhaber der Verwertungsrechte nach dem UrhG ist (siehe oben 1.). Sofern ein Verband mangels Verwertungsrecht Tests unbefugt zur Nutzung weitergibt, hat dies für den Erwerber zur Folge, daß er dem Testautor wegen Verletzung der Urheberrechte schadensersatzpflichtig wird, § 97 UrhG. Wegen dieser Schadensersatzpflicht darf der Erwerber dann bei dem anbietenden Verband Regreß nehmen. Um diese Streitigkeiten jedoch zu vermeiden, ist es für einen an Tests interessierten Arbeitgeber ratsam, sich vom Anbieter die Autorenrechte offenlegen zu lassen.

Anhang

1. Gesetzestexte (Auszüge)

Grundgesetz

Art. 1 (1) Die Würde des Menschen ist unantastbar. Sie zu achten und zu schützen ist Verpflichtung aller staatlichen Gewalt.

Art. 2 (1) Jeder hat das Recht auf die freie Entfaltung seiner Persönlichkeit, soweit er nicht die Rechte anderer verletzt und nicht gegen die verfassungsmäßige Ordnung oder das Sittengesetz verstößt.

Bundesdatenschutzgesetz

§ 43 Strafvorschriften. (1) Wer unbefugt von diesem Gesetz geschützte personenbezogene Daten, die nicht offenkundig sind,

1. speichert, verändert oder übermittelt,
2. zum Abruf mittels automatisierten Verfahrens bereithält oder
3. abruft oder sich oder einem anderen aus Dateien verschafft,

wird mit Freiheitsstrafe bis zu einem Jahr oder mit Geldstrafe bestraft.

...

(3) Handelt der Täter gegen Entgelt oder in der Absicht, sich oder einen anderen zu bereichern oder einen anderen zu schädigen, so ist die Strafe Freiheitsstrafe bis zu zwei Jahren oder Geldstrafe.

Allgemeine Anforderungen an Meßgeräte für die innerstaatliche Zulassung und Eichung

§ 36 Meßrichtigkeit. (1) Meßgeräte müssen so gebaut sein, daß sie für ihren bestimmungsgemäßen Verwendungszweck geeignet sind und unter Nenngebrauchsbedingungen richtige Meßergebnisse erwarten lassen.

§ 37 Meßbeständigkeit. (1) Als meßbeständig gelten Meßgeräte, die richtige Meßergebnisse über einen ausreichend langen Zeitraum erwarten lassen. Bei eichpflichtigen Meßgeräten muß dieser Zeitraum mindestens der Gültigkeitsdauer der Eichung entsprechen.

§ 40 Schutz gegen Eingriffe und Bedienungsfehler. (1) Meßgeräte müssen gegen eine Verfälschung von Meßwerten durch Bedienungsfehler und Eingriffe hinreichend geschützt sein.

(2) Die richtige und zuverlässige Erfassung, Speicherung, Verarbeitung und Ausgabe der Daten muß unter den üblichen Betriebsbedingungen gewährleistet sein.

Strafgesetzbuch

§ 203 Verletzung von Privatgeheimnissen. (1) Wer unbefugt ein fremdes Geheimnis, namentlich ein zum persönlichen Lebensbereich gehörendes Geheimnis oder ein Betriebs- oder Geschäftsgeheimnis, offenbart, das ihm als

...

2. Berufspsychologen mit staatlich anerkannter wissenschaftlicher Abschlußprüfung,

...

anvertraut worden oder sonst bekanntgeworden ist, wird mit Freiheitsstrafe bis zu einem Jahr oder mit Geldstrafe bestraft.

...

(3) Den in Absatz 1 Genannten stehen ihre berufsmäßig tätigen Gehilfen und die Personen gleich, die bei ihnen zur Vorbereitung auf den Beruf tätig sind. Den in Absatz 1 und den in Satz 1 Genannten steht nach dem Tod des zur Wahrung des Geheimnisses Verpflichteten ferner gleich, wer das Geheimnis von dem Verstorbenen oder aus dessen Nachlaß erlangt hat.

...

(5) Handelt der Täter gegen Entgelt oder in der Absicht, sich oder einen anderen zu bereichern oder einen anderen zu schädigen, so ist die Strafe Freiheitsstrafe bis zu zwei Jahren oder Geldstrafe.

Straßenverkehrszulassungsordnung

§ 12 Einschränkung der Fahrerlaubnis. (1) Werden Tatsachen bekannt, die Bedenken gegen die Eignung des Bewerbers begründen, so kann die Verwaltungsbehörde die Beibringung eines amts- oder fachärztlichen Gutachtens, des Gutachtens eines amtlich anerkannten Sachverständigen oder Prüfers für den Kraftfahrzeugverkehr oder des Gutachtens einer amtlich anerkannten medizinisch-psychologischen Untersuchungsstelle fordern.

2. Grundsätze für die Anwendung psychologischer Eignungsuntersuchungen in Wirtschaft und Verwaltung, hrsg. von der Sektion Arbeits-, Betriebs- und Organisationspsychologie im Berufsverband deutscher Psychologinnen und Psychologen e.V., 1988

...

Es ist Aufgabe und Anspruch der Psychologen[1], zusammen mit anderen Fachleuten sowie den jeweils zuständigen Entscheidungsträgern und entsprechend den gesetzlichen Regelungen,

---

1 Als Psychologen gelten gemäß gesetzlicher Festlegung „diejenigen Berufspsychologen, die ein ordentliches Studium an einer deutschen Universität

dem Betriebsrat bzw. Personalrat bei personellen Entscheidungsprozessen mitzuwirken.

- Die Psychologie trägt dazu bei, personelle Entscheidungen sach- und zielgerechter zu gestalten. Psychologen ermitteln unter Verwendung wissenschaftlicher Verfahren die Anforderungen der Tätigkeiten bzw. Ausbildungsgänge, stellen die Voraussetzungen bei den einzelnen Bewerbern fest und schaffen damit Möglichkeiten, Arbeits- und Ausbildungsplätze mit geeigneten Bewerbern optimal zu besetzen.
- Die Psychologie hilft, personelle Entscheidungen durchschaubarer zu machen, indem Psychologen auf die Definition, Gewichtung und Mitteilung der Kriterien für Auswahl, Beförderung, Qualifizierung usw. hinwirken und damit sachfremde Einflüsse bei Personalentscheidungen reduzieren.

2. Fachspezifische berufsmäßige Anforderungen

Bei der Planung, Durchführung und Ergebnisbehandlung psychologischer Eignungsuntersuchungen sind rechtliche, berufsethische und wissenschaftlich-psychologische Anforderungen zu beachten.

Der Psychologe trägt die Verantwortung dafür, daß die Eignungsdiagnostik wissenschaftlich-empirischen Grundsätzen folgt und fachmännisch von ihm und seinen berufsmäßigen Helfern durchgeführt wird.

Der Psychologe muß sich Klarheit darüber verschaffen,

- ob es gerechtfertigt ist, eine psychologische Eignungsuntersuchung durchzuführen,
- zu welchem Zweck sie erfolgen soll,
- in wessen Auftrag er handelt,

---

oder gleichrangigen deutschen Hochschule entweder mit der Erlangung des akademischen Grades eines ‚Diplom-Psychologen' oder mit der Promotion im Hauptfach ‚Psychologie' abgeschlossen haben".

- welche Konsequenzen sich aus der psychologischen Eignungsuntersuchung ergeben,
- wie die Rechte und Interessen des Untersuchten zu wahren sind.

Dabei sind die einschlägigen Vorschriften des Betriebsverfassungsgesetzes bzw. Personalvertretungsgesetzes und andere rechtliche Bestimmungen zu beachten.

Bei der Aufstellung von innerbetrieblichen Auswahlrichtlinien durch Arbeitgeber und Betriebsrat sollte der Psychologe beratend hinzugezogen werden. Der Psychologe informiert in diesem Zusammenhang über psychologische Eignungsuntersuchungen und veranlaßt, daß der Stellenwert psychologischer Untersuchungsergebnisse im Rahmen der übrigen Auswahlkriterien bestimmt wird. Zu den Auswahlrichtlinien sollten auch Hinweise darüber gehören, wann und aus welchen Gründen jemand eine Untersuchung ablehnen oder wiederholen kann.

Der Psychologe kann die soziale Verantwortung der Betriebe vor allem darin unterstützen, daß auch für leistungsschwächere Bewerber, insbesondere Behinderte, Möglichkeiten für eine befriedigende Tätigkeit gefunden werden.

3. Planen der Eignungsuntersuchungen

3.1 Zweck der Eignungsuntersuchungen

Psychologische Eignungsuntersuchungen können in folgenden Fällen angewendet werden:

- Einstellung, Versetzung, Beförderung,
- Nachwuchsplanung,
- Ausbildung, Fortbildung, Förderung, Personalentwicklung,
- Eingliederung und Wiedereingliederung Behinderter,
- Nachuntersuchung zur Weiterbeschäftigung (gemäß UVV),
- Beratung auf persönlichen Wunsch.

Sie haben den Zweck, entweder in differenzierter Weise die Eignung von Personen für eine bestimmte Ausbildung und/oder Tätigkeit zu ermitteln (Auswahlentscheidung) oder für eine bestimmte Person aus mehreren verfügbaren Tätigkeiten eine geeignete Tätigkeit auszuwählen (Plazierungsentscheidung).

Darüber hinaus kann es notwendig sein, weitere Tätigkeitsalternativen aufzuzeigen und gegebenenfalls Hilfen zur Erlangung der erforderlichen Eignung zu geben.

3.2 Ermitteln der Tätigkeitsanforderungen

Vor der psychologischen Eignungsuntersuchung ermittelt der Psychologe die Anforderungen der betreffenden Tätigkeit. Sie bilden die Grundlage für Art, Zielrichtung und Umfang der Untersuchung. Ohne vorherige Anforderungsanalyse ist die Anwendung psychologischer Eignungsuntersuchungsverfahren nicht zu rechtfertigen.

3.3 Bestimmen der Untersuchungsverfahren

Der Psychologe entscheidet über die Auswahl der psychologischen Untersuchungsverfahren nach folgenden Prinzipien:

– sie dürfen die grundgesetzlich geschützte Intimsphäre nicht verletzen,
– sie müssen den Mindestanforderungen der Testtheorie genügen; dazu gehören die Gütekriterien: Gültigkeit (Validität), Zuverlässigkeit (Reliabilität) und Objektivität,
– sie müssen dem jeweiligen Untersuchungszweck angemessen sein, d. h., es sind nur solche Verfahren anzuwenden, die sich auf die jeweiligen Tätigkeitsanforderungen beziehen,
– sie sollen die Durchführung und Auswertung für die zu untersuchende Person einsichtig machen lassen.

Verfahren, die über keine ausreichende theoretische wie methodische Basis verfügen, sowie projektive Untersuchungsverfahren und klinisch-diagnostische Tests wendet der Psychologe bei psychologischen Eignungsuntersuchungen im Betrieb grundsätzlich nicht an.

Eine Ausnahme von dem Grundsatz ist gerechtfertigt, wenn der zu Untersuchende in der vorgesehenen Tätigkeit eine besondere Verantwortung für Leben und Gesundheit von Menschen, die ihm anvertraut sind, zu übernehmen hat oder wenn der zu Untersuchende eine weitergehende Beratung ausdrücklich wünscht und vorher über die anzuwendenden Verfahren aufgeklärt wurde. Ergebnisse und Folgerungen aus Beratungsuntersuchungen darf der Psychologe dem Arbeitgeber nur mit Zustimmung des Untersuchten mitteilen.

Die oben genannten Prinzipien gelten ebenfalls für die Praxis der Assessment-Center-Technik. Beim Assessment-Center übt der Psychologe als Systembetreuer die fachliche Leitung aus. Zu seinen Aufgaben gehört die

- konzeptionelle Vorbereitung,
- Moderation,
- Ausbildung und Beratung der Beobachter,
- Funktion eines „Regelwächters" bei der Eignungsbeurteilung,
- psychologische Beratung der AC-Teilnehmer.

4. Durchführen der psychologischen Eignungsuntersuchung

Der Psychologe ist verantwortlich für die Durchführung von Eignungsuntersuchungen. Mitarbeiter des Psychologen unterliegen bei der Durchführung von Teilaufgaben der verantwortlichen Aufsicht des Psychologen.

Der Psychologe stellt einen ordnungsgemäßen Untersuchungsablauf sicher. Bei gleichzeitiger Untersuchung mehrerer Personen wird die Gruppengröße so begrenzt, daß ein hinreichender Kontakt zur Untersuchungsleitung gewährleistet bleibt.

Die zu Untersuchenden werden zu Beginn unterrichtet über:

- Sinn und Zweck der Untersuchung,
- das Gewicht der Untersuchungsergebnisse im Rahmen der Auswahlkriterien,
- den Ablauf der Untersuchung,
- die Art der Aufgaben, ihre Durchführung, ihre Auswertung und die vorgesehene Ergebnisbesprechung.

Der Psychologe erklärt die Beziehung zwischen den anzuwendenden Verfahren und den Anforderungen der Tätigkeit.

5. Darstellen der Ergebnisse der Eignungsuntersuchung

Der Psychologe stellt die Erkenntnisse aus den nach der Untersuchung ausgewerteten Unterlagen in einem kurzen Eignungsuntersuchungsergebnis und/oder in einem ausführlichen schriftlichen Gutachten dar. Beide Darstellungen dürfen nicht über den Aussagebereich der benutzten Verfahren einschließlich biographischer Anamnese, Verhaltensbeobachtung und Exploration und auch nicht über den Untersuchungszweck hinausgehen und sollten empfehlenden Charakter haben. Eignungsgutachten sollten ebenso auf positive Merkmale der Eignung wie auf Einschränkungen der Eignung für die betreffende Tätigkeit hinweisen.

EDV-mäßig erstellte Diagnose-Vorschläge dürfen nur als Hilfsmittel zur Entscheidungsfindung oder zur Selbstkontrolle herangezogen werden. Sie ersetzen nicht die persönlich zu verantwortende Diagnose des Psychologen. Der Psychologe muß dem Untersuchten auf dessen Wunsch das Eignungsuntersuchungsergebnis und gegebenenfalls das Eignungsgutachten und die darin zusammengefaßten Einzelergebnisse mitteilen und erläutern. Dabei kann er auf die praktischen Folgerungen und die beruflichen Entwicklungsmöglichkeiten hinweisen und den Untersuchten beraten, wie er seine berufliche Qualifikation gegebenenfalls verbessern bzw. Schwächen abbauen oder ausgleichen kann.

Der Psychologe ist bei der Weitergabe von Untersuchungsergebnissen an den Auftraggeber oder dritte Personen an seine gesetzliche Schweigepflicht nach § 203 StGB gebunden. Für die Fragestellung nicht relevante Informationen, die ihm während der Untersuchung anvertraut oder sonst bekanntgeworden sind, darf der Psychologe nur weitergeben, wenn er ausdrücklich von seiner Schweigepflicht entbunden worden ist.

Der Psychologe muß darauf achten, daß Verwendung, Weitergabe, Aufbewahrung usw. von Eignungsuntersuchungsunterlagen und -ergebnissen den gesetzlichen Vorschriften entsprechen.

6. Bewährungskontrollen

Damit die Zuverlässigkeit der Eignungsdiagnostik erhalten bleibt und die Qualität der Verfahren neuen Anforderungen angepaßt werden kann, führen Psychologen Bewährungskontrollen durch. Zu diesem Zweck und zur Erstellung berufsspezifischer Normen ist es erforderlich, daß das Testmaterial dem Psychologen zur weiteren wissenschaftlichen Bearbeitung zugänglich bleibt. Alle im Rahmen einer Bewährungsstudie ihm bekanntgewordenen Daten unterliegen seiner Schweigepflicht.

Literaturverzeichnis

Assessment Center Training	mit Fallbeispielen und Übungen aus der Praxis, Red. S. Kroeber, St. Gallen 1993.
Berufsverband Deutscher Psychologen (Hrsg.)	Psychologische Tests bei Einstellungsuntersuchungen – 7 Tips für Bewerber, 5. Aufl. 1995 (Faltblatt).
	Rechtliche Hinweise für den Einsatz psychologischer Testverfahren in der Personalauswahl – 7 Tips für Arbeitgeber, 4. Aufl. 1995 (Faltblatt).
	(Jeweils zu beziehen über die Geschäftsstelle der Sektion Arbeits-, Betriebs- und Organisationspsychologie im BDP, Wilhelmstr. 76, 58256 Ennepetal.)
Bregenhorn, Siegbert	Die Rechtsproblematik in der Personalbeurteilung, München 1982.
Gaul, Dieter	Rechtsprobleme psychologischer Eignungsdiagnostik, Bonn 1990.
Grunewald, Benno	Der Einsatz von Personalauswahlverfahren und -methoden im Betrieb – ein faktisch rechtsfreier Raum? NZA 1996 S. 15.
Heilmann, Joachim	Rechtsprobleme von Einstellungsuntersuchungen, AuA 1995 S. 157.
Hesse, Jürgen/ Schrader, Hans Christian	Assessment Center, Frankfurt/M. 1994.
Hoyningen-Huene, Gerrick v.	Der psychologische Test im Betrieb, DB Beilage Nr. 10/1991.
Jedzig, Joachim	Mitbestimmung bei Einführung von Verfahren zur Potentialanalyse von Arbeitnehmern, DB 1996 S. 1337.
Knebel, Heinz	Taschenbuch für Bewerberauslese, 7. Aufl., Heidelberg 1996.
Kühne, Hans-Heiner (Hrsg.)	Berufsrecht für Psychologen, Baden-Baden 1987.

Leibold, Gerhard/   Das große Buch der Eignungstests für Schule
Brenner, Frank u.   und Beruf, München 1989.
Doris

Reichel, Wolfgang   Psychologische Eignungstests. Wie sie eingesetzt
werden und was den Bewerber erwartet, Düsseldorf 1990.

Schmale, Hugo   Psychologie der Arbeit, 2. Aufl., Stuttgart 1995
(besonders S. 82–114 mit Hinweisen zu den
theoretischen Grundlagen der Psychodiagnostik).

Schmid, Karlheinz   Psychologische Testverfahren im Personalbereich, Köln 1971.

Schuler, Heinz/   Personalauswahl im europäischen Vergleich, Göttingen 1993.
Frier, Dörte/Kauffmann, Monika

Schwabe, Jürgen   Rechtsprobleme des „Lügendetektors", NJW
1979 S. 576 ff.

Sieber, Georg M.   Achtung Test, Psychologische Testverfahren —
was man von ihnen erwarten darf, Reinbek 1971.

Wiese, Günther   Genetische Analyse bei Arbeitnehmern, RdA
1986 S. 120 ff.

Willke, Martin   Psychologische Eignungstests und öffentlicher
Dienst, Berlin 1981.

Sachregister

Die Hauptfundstellen sind fett gedruckt.

133

Taschenbuch
für Bewerberauslese

Von Dr. **Heinz Knebel.**
7., überarbeitete Auflage 1996, 192 Seiten,
Kartoniert, ISBN 3-7938-7151-7
Taschenbücher für die Wirtschaft, Band 17

■ Die gute Bewerberauslese hat in allen Unternehmen an Bedeutung gewonnen, da immer mehr Führungskräfte erkennen, daß der Erfolg des Unternehmens ganz entscheidend von der Qualifikation und Leistungsmotivation der Mitarbeiter abhängt. Soll ein Arbeitsplatz richtig besetzt werden, so müssen alle Hilfsmittel der modernen Bewerberauslese herangezogen werden. Dazu gehören die Analyse der Bewerbungsunterlagen, die Prüfung von Referenzen, das Bewerbungsgespräch, der Intelligenz- und Leistungstest sowie psychologische Testverfahren.

■ Der Verfasser zeigt anschaulich aus praktischer Kenntnis die Möglichkeiten und Grenzen für die tägliche Praxis auf. Das Buch enthält für jeden wichtigen Vorgang der Personalbeschaffung und Bewerberauslese Checklisten, nach denen sich Unternehmensleiter und Vorgesetzte immer wieder leicht orientieren können.

■ Die 7. Auflage dieses bewährten Taschenbuches ist aktualisiert. Sie gibt sehr wertvolle Tips, wie der geeignete Bewerber gefunden werden kann.

Sauer-Verlag

Heidelberg